AGATHON DE POTTER.

M. POULIN

ET

LE SOCIALISME RATIONNEL.

Et qu'en sort-il souvent?
Du vent.

BRUXELLES,

CHEZ LES PRINCIPAUX LIBRAIRES.

1875

DU MÊME AUTEUR :

Qu'est-ce que la guerre et la paix, examen de
l'ouvrage de P.-J. Proudhon, sur *la Guerre et la
Paix* . . . . fr. »-50

De la Propriété intellectuelle, et de la distinction
entre les choses vénales et non vénales, examen
des *Majorats littéraires*, de P.-J. Proudhon . . fr. »-50

La Logique . . . . fr. »-50

La Connaissance de la vérité . . . . fr. »-25

De l'Instruction obligatoire comme remède aux
maux sociaux, mémoire soumis à l'examen de
l'Académie royale de Belgique. . . . . fr. 1-25

Économie sociale, 2 vol. . . . . fr. 3-00

M. POULIN

ET

LE SOCIALISME RATIONNEL.

IMP. DE J. DELFOSSE.

AGATHON DE POTTER.

M. POULIN

ET

LE SOCIALISME RATIONNEL.

..... Et qu'en sort-il souvent?
Du vent

BRUXELLES,

CHEZ LES PRINCIPAUX LIBRAIRES.

—

1875

                    . . . . . . Mais qu'en sort-il souvent ?
                    Du vent.

Il a paru dernièrement une prétendue critique du socialisme rationnel, tel qu'il a été enseigné par Colins.

Les appréciations formulées par l'auteur de ce *factum* paraissent dictées plutôt par un sentiment de haine contre l'écrivain qu'il attaque, que par un examen sérieux et approfondi de ses œuvres. C'est la passion qui le fait parler; la raison n'entre pour rien, ou

1

au moins pour fort peu de chose, dans le jugement qu'il porte.

Et c'est d'autant plus étonnant que le nouveau Zoïle connaissait toute l'importance de la question ; car il avait accepté, dans des temps qui ne sont guère loin de nous, le socialisme rationnel tout entier.

*\
* *

M. P. Poulin, auteur des *Irrationnalités du socialisme dit rationnel du feu baron de Colins*, n'a pas toujours pensé comme aujourd'hui.

En règle générale, de nouvelles études peuvent engendrer de nouvelles convictions ; mais quand en matière scientifique où il faut des démonstrations incontestables, on voit le même écrivain changer d'avis à tout instant, cela n'est pas de nature à donner une haute idée de la rectitude de son jugement.

Or, dans un de ses premiers ouvrages, M. Poulin, sans parler du côté matériel de la question sociale, acceptait une bonne partie de la solution donnée par Colins au problème religieux.

Dans un ouvrage subséquent, M. Poulin,

à la suite de diverses objections, avait fait ce que l'on voit trop rarement, et ce qui sera toujours admirable : il avait reconnu s'être trompé. En conséquence, il admettait à cette époque, à peu près dans son entier, le socialisme rationnel de Colins, qu'il qualifiait d'*homme de génie*.

Dans un autre ouvrage encore, ne traitant que de la partie morale de la science sociale, M. Poulin continue à accepter la solution donnée par Colins, qu'il regarde comme le *Christophe Colomb du monde moral*.

Enfin, dans une petite brochure qui vient de paraître, M. Poulin, toujours d'accord avec les partisans du socialisme rationnel sur sa partie religieuse, sauf quelques points, s'en écarte pour ce qui concerne l'organisation matérielle de la société. Et c'est probablement pour justifier ce nouveau changement qu'il reproche à Colins sa mauvaise foi et son mauvais esprit, son indétermination et son obscurité.

Après cela, quel fonds est-il possible de faire sur les critiques de M. Poulin? Peut-on être assuré qu'il ne variera pas encore dans un avenir prochain, rétorquant alors lui-même ses arguments d'aujourd'hui? Ne peut-on aussi se demander si cet écrivain connaît bien la matière dont il parle, et s'il sait, en somme, ce qu'il dit?

*
* *

M. Poulin, après avoir eu le courage et la loyauté de reconnaître publiquement qu'il s'était trompé, a jugé convenable de ne plus en faire autant lors de son dernier changement. Il a cru expliquer la nouvelle direction de ses idées d'une manière plus habile, en disant qu'il voulait examiner les projets réformistes de Colins, « en les pesant au » trébuchet d'une raison, *cette fois-ci*, inexo-» rable : car, pour M. Poulin, le temps des » *ménagements* est passé. »

C'est donc uniquement par ménagement que M. Poulin avait, jusque dans ces derniers temps, consenti à cacher ce qu'il considère comme la vérité? C'est par ménagement qu'il avait soutenu des propositions que, dans sa conscience, il regardait comme fausses? C'est donc par ménagement qu'il s'écriait : « A » Colins était réservée la double gloire de » trouver ce qu'avaient vainement cherché

» Descartes et Proudhon, la solution du pro-
» blème religieux et la solution du problème
» social, et la gloire encore de ne pas séparer,
» comme tant de prétendus philosophes, ces
» deux solutions dont l'ensemble seul con-
» stitue la science sociale » ?

Je doute que pareille façon d'agir soit généralement approuvée.

*
* *

Il m'avait toujours semblé que, lorsqu'on
se proposait de critiquer une théorie scientifique, philosophique ou sociale, il suffisait de
porter un examen attentif sur cette théorie,
sans se préoccuper d'autre chose, sans s'inquiéter, par exemple, de la question de savoir
si l'auteur critiqué était grand ou petit, si son
livre était bien ou mal écrit, quelles étaient
ses opinions politiques, etc., etc.

Il paraît que l'on pense autrement en France,
à en juger au moins d'après M. Poulin. C'est,
effectivement, moins l'œuvre qu'il attaque que
l'auteur. Et de quelle façon, hélas ! Il faut
vraiment se sentir à bout d'arguments sérieux
pour devoir se rejeter sur d'aussi ridicules et
d'aussi blessantes personnalités. Ce n'est pas

ainsi qu'on fait de la critique philosophique, lorsqu'on a la conscience d'avoir raison.

Du moment que M. Poulin restait en communauté d'idées avec Colins sur la vérité religieuse, qu'il considère, avec juste raison du reste, comme le principe fondamental dont l'organisation sociale doit dériver dans toutes ses applications, le plus simple sentiment des convenances lui commandait, — j'en appelle à n'importe qui, — sinon de montrer de la reconnaissance envers celui qui avait révélé la religion rationnelle, au moins de le traiter avec respect, ou, si cela lui était absolument impossible, de n'en rien dire. Et cette façon de rédiger son acte d'accusation contre la fraction du socialisme rationnel qu'il repousse aujourd'hui, ne mettait aucun obstacle à ce que sa critique fût aussi sévère, aussi rigoureuse, aussi impitoyable même qu'il le désirait.

Au lieu de cela, M. Poulin s'occupe, dans une grande partie de son travail, de toutes choses qui n'ont aucun rapport avec le socialisme rationnel, comme pour cacher la pauvreté de ses objections. Et où arrive-t-il, en fin de compte, après ce rude labeur? A un fort piètre résultat, comme je me fais fort de le prouver.

*
* *

Je me garderai bien de suivre M. Poulin sur le terrain des personnalités où il patauge; j'obéirai ainsi, plus fidèlement que lui, à la règle que cependant il approuve. Je laisserai donc là Colins et ne m'occuperai que de ses raisons, persuadé que, en agissant de cette manière, je me conformerai de mon mieux aux intentions de l'écrivain socialiste.

« Si désormais, a écrit Colins, Messieurs
» les journalistes ont la bonté de s'occuper
» de mes travaux, je les prie en grâce de
» laisser de côté tout ce qui m'est relatif. Que
» je sois grand ou petit, tortu ou bossu, bon
» ou mauvais, criminel ou vertueux, cela ne
» fait rien à l'affaire. Un livre utile, fût-il
» écrit par Lacenaire, vaut infiniment mieux
» qu'un livre nuisible, fût-il écrit par saint
» Vincent de Paule. Il en est de même pour le
» style. Je n'ai aucune prétention aux Aca-
» démies, fussent-elles topinamboues. Le
» mérite du style est de se faire lire; et si un
» bon livre était écrit en style d'adverbes, ce

» qui vaudrait mieux que de s'en moquer, ce
» serait de le traduire en français et de le
» rendre lisible. »

M. Poulin s'est-il d'ailleurs bien rendu
compte du résultat probable de ses peines?
Il n'y a guère de gens disposés, de nos jours,
à s'occuper d'organisation sociale, encore
moins de science religieuse. Il suffit même
qu'un livre traite de ce sujet pour causer aussitôt une répulsion presque universelle. Or,
M. Poulin pense-t-il que, en déversant le ridi-
cule et en attirant la haine sur le *Christophe
Colomb du monde moral*, pour me servir de
ses expressions, il rendra beaucoup de gens
désireux d'examiner la théorie religieuse
rationnelle? Et puisqu'il est d'avis que la
vérité religieuse doit faire notre bonheur,
croit-il avoir pris le bon moyen de lui procurer beaucoup d'adeptes, en inspirant de
l'aversion pour celui qui l'enseigne? Est-ce là
le fait de qui se targue de son amour pour
l'humanité?

Vraiment, on dirait que M. Poulin a fait
son possible pour enlever aux lecteurs toute
envie de s'enquérir de la réalité des décou-
vertes opérées par Colins dans le monde mo-

ral. Mais il est interdit de suspecter les intentions, et plutôt que d'accuser M. Poulin de manquer à la charité, je préfère lui reprocher de n'y avoir pas réfléchi.

Quoi qu'il en soit, j'admettrai, si cela peut faire plaisir à M. Poulin, que Colins était un rabâcheur dont tous les ouvrages ne sont que fatras. Je puis même plus. Je reconnaîtrai à M. Poulin toutes les qualités de style désirables ; je lui reconnaîtrai l'amour de l'humanité, qu'il dénie charitablement aux autres ; et si j'ajoute à cela qu'il est parfois logique, comme je me fais un plaisir de le montrer dans le cours de ce travail, j'espère qu'il sera content.

*
* *

La seule partie sérieuse et digne de quelque attention de l'opuscule de M. Poulin se compose : 1° d'un examen critique du socialisme rationnel tel qu'il est développé par Colins ; 2° de l'exposition d'un socialisme Colins amendé.

Je vais passer en revue et discuter successivement, avec la plus scrupuleuse attention, la série des objections formulées par M. Pou-

lin contre le socialisme rationnel ; je conser-
verai l'ordre dans lequel il les place, ainsi
que l'énoncé de chacune d'elles. Puis j'exa-
minerai les amendements qu'il propose au
socialisme rationnel.

Avant de commencer, toutefois, et pour
donner immédiatement une idée du résultat
de cette discussion, disons qu'une seule des
objections de M. Poulin est fondée : celle
relative au temps indiqué pour la disparition
de l'appropriation individuelle des terres.

Toutes les autres objections sont nulles.

*
* *

Il ne sera pas inutile de jeter d'abord un
coup d'œil rapide sur la logique habituelle de
M. Poulin. On verra que s'il ne comprend pas
Colins, si souvent il ne se comprend pas lui-
même, cela provient surtout du vague de ses
idées, et de l'indétermination qui en résulte
dans les expressions.

« Personne ne prétend, sans doute, dit
» M. Poulin, que c'est au désir de s'assurer
» une place dans les Champs-Élysées, qu'il
» faut attribuer les dévouements des Curtius,
» des Régulus, et de tant d'illustres païens. »

Pardon. Le socialisme rationnel soutient que la base du dévouement c'est la certitude, pour celui qui agit, d'être récompensé dans une vie future, et par conséquent d'être plus qu'un animal, plus que de la matière. Et M. Poulin l'affirme également.

« Quel serait dans un milieu matérialiste,
» s'écrie-t-il, le mobile des passions poli-
» tiques? Quand un homme croit n'être pas
» plus que le plus immonde animal, a-t-il
» rien de mieux à faire, que de rester comme
» celui-ci, penché sur son auge? »

Je prie de remarquer que ces deux citations sont extraites du même ouvrage, comme celles qui vont suivre.

« Le mot âme, d'après M. Poulin, signi-
» fie immatérialité, ou il ne signifie rien. »

Et ailleurs :

« L'ordre moral existe : il est une déduc-
» tion nécessaire de l'immatérialité de l'âme
» que nous démontrerons. »

Donc, avant démonstration, âme doit signifier autre chose qu'immatérialité. Que pourrait-ce bien être?

» L'âme, si âme il y a, est sensibilité,
» dit-il encore. »

Soit. Mais alors pourquoi dire *si âme il y a?* Est-ce qu'il n'y a de sensibilité nulle part?

Quand M. Poulin parle d'âme, il ne se rend pas un compte clair de ce qu'il entend par cette expression.

Il en est de même dans une foule de questions dépendant de la partie morale du socialisme rationnel, par exemple celles qui ont trait au matérialisme, à la liberté, à la démonstration de l'immatérialité de la sensibilité. Il ne me serait guère difficile de le faire voir. M. Poulin croit comprendre toutes ces questions; mais je crains bien qu'il ne se fasse illusion à cet égard.

Est-il étonnant, après cela, qu'il critique le socialisme rationnel? Ce qu'il ne saisit pas est naturellement mauvais d'après lui.

**
* **

Théorie des deux justices.

Tel est l'énoncé du paragraphe dans lequel M. Poulin développe ses premières objections.

Afin de juger plus facilement de leur valeur, voyons d'abord ce que dit, au sujet de la justice, le socialisme rationnel.

La justice, c'est la conformité à la règle, à la raison, puisque c'est le raisonnement, bon ou mauvais, qui donne la règle; et, en même temps, c'est la sanction de la règle.

Ainsi, partout où il y a une règle, on trouve une justice et une sanction correspondantes.

Quand on considère l'individu, abstraction faite de la société dans laquelle il s'agite, tout ce qu'il fait conformément à sa conscience, à sa raison particulière, à la règle qu'il a acceptée, enfin, est juste; et la justice qui sanctionne l'observation de cette règle, c'est la justice éternelle ou ultra-vitale.

Quand on met l'individu en rapport avec la société, il faut faire entrer en ligne un nouvel élément, la règle sociale, sans laquelle les hommes ne pourraient vivre associés. Dès lors, il y a lieu d'admettre une nouvelle espèce de justice, puisqu'il y a une nouvelle espèce de règle. Alors les actes justes ou injustes sont ceux qui se trouvent en conformité ou non avec la règle sociale, avec le raisonnement général. Et la justice qui sanctionne l'observation de cette règle, c'est la justice temporelle, les gendarmes et le bourreau.

J'ai parlé des *actes* justes ou injustes, et non

des *intentions,* parce que celles-ci n'appartiennent pas au domaine social. Dans le domaine individuel, au contraire, les intentions, tout comme les actes, sont passibles de la justice éternelle.

Enfin, pour la société, la règle c'est de vivre, de subsister, de maintenir l'ordre. Tout ce qui est conforme à cette règle est conforme au raisonnement, est juste; et l'obligation pour une société d'être juste résulte du danger d'anarchie qu'elle courrait si elle ne remplissait pas son devoir.

Mais il y a plus.

Si, dans certaines circonstances, et toujours poussée par le besoin de maintenir l'ordre, la société doit agir, envers les individus, d'une manière diamétralement opposée à celle qu'elle met en œuvre dans d'autres circonstances; si, par exemple, tant que la vérité n'est pas socialement connue, la société se voit contrainte d'établir le paupérisme, ou l'exploitation de la majorité par la minorité, tandis qu'une fois en possession de la vérité absolue, elle peut, elle doit même s'organiser en vue du bien-être de tous; ne résulte-t-il pas de là deux règles sociales, partant deux justices sociales dont l'une, se rapportant à l'époque où l'erreur est prise pour la vérité, peut être qualifiée de relative, tandis que l'autre, appartenant à la société régie par la vérité absolue, est par cela même la justice absolue?

*
* *

Tant qu'il est question de l'individu, la justice est relative au raisonnement, à la liberté. Quand il s'agit de la société, qui n'est pas un être personnel, l'expression justice ne peut plus conserver la même valeur : elle devient alors relative à la nécessité sociale, au besoin d'ordre.

Considérons un moment la justice relative au raisonnement, à la liberté.

A chacune des deux espèces de règle, individuelle ou sociale, se rapportent nécessairement un mérite et un démérite correspondants. Et, chose qui paraît étrange, ou même incompréhensible au premier abord, mais qui cependant est facile à saisir par tout esprit non prévenu, le même individu peut, par la même action, mériter suivant une règle et démériter suivant une autre.

Cela résulte, du reste, des définitions données plus haut.

Ainsi, en faisant telle chose, conforme par hypothèse à sa conscience, et contraire à la règle sociale, on agit bien, au point de vue de la justice éternelle, et mal, à celui de la justice sociale; on est récompensé par la première justice, et puni par la seconde, quelles qu'aient été, d'ailleurs, les intentions de celui qui a agi; car la société, ne les connaissant pas et ne pouvant les connaître, ne juge que par les actes.

De même, il arrive parfois que l'on est méritant à l'égard de la société, et coupable devant la justice éternelle. Il me semble inadmissible qu'il faille insister là-dessus plus longuement.

Faisons seulement remarquer que cette opposition entre les qualités des actions, suivant qu'on les considère au point de vue individuel ou social, provient de celle qui différencie les règles individuelle et sociale, et que cette dernière opposition est l'effet de l'examen, quand la société n'est pas encore en puissance de vérité. Aucune différence n'est plus possible entre ces deux règles, quand la vérité est souveraine.

Un point encore.

De la nécessité du despotisme, à une époque donnée, se déduit, non la justification des oppresseurs, ni la condamnation des opprimés qui résistent, mais bien la justification de l'oppression, ce qui est tout différent. Pour pouvoir, avec certitude, glorifier les despotes comme sauveurs de l'humanité, ou les qualifier d'affreux coquins, en empruntant le style de M. Poulin, il faudrait connaître leurs intentions, ce qui est radicalement impossible à tout le monde, si ce n'est peut-être au critique de Colins. Mais il est permis de faire des hypothèses dans les deux sens, sur ces intentions, et de juger alors les despotes conditionnellement.

*
* *

Maintenant que nous avons entendu le socialisme rationnel, écoutons M. Poulin.

Il ne nie pas « qu'il doive y avoir, à cer-
» taine phase de la vie humanitaire, un règne
» de la force. » Il affirme même « la néces-
» sité de l'oppression des peuples, » à une
certaine époque, parce que, dit-il, « au mo-
» ment où elle se produit, elle est la condi-
» tion même de la vie sociale. »

Mais si l'oppression des peuples, qui est tout le despotisme, constitue la condition même de la vie sociale, dans telles circonstances données, le despotisme n'est-il pas un bien relativement à ces circonstances, ou est-ce, au contraire, la mort sociale qui est un bien? Il n'y a pas de milieu : il faut faire un choix.

M. Poulin a choisi, et bien choisi. Pour lui, comme pour le socialisme rationnel, il y a le bien relatif, et le bien absolu.

« C'est toujours par le crime, dit-il, que
» s'accomplit ce qui n'est le bien que relati-
» vement. » (1)

Parfait,..... à cela près qu'il ne s'agit pas ici de crime; car, dit M. Poulin autre part, « un point d'ailleurs hors de conteste dans » ce débat, c'est que l'intention seule fait la moralité de nos actes. »

Si donc celui qui accomplit le bien relatif a de bonnes intentions, son action n'est pas un

____

(1) Ce qui est bien relativement appartient à la justice relative. Dès lors, que devient l'objection de M. Poulin contre la théorie des deux justices?

crime, à moins que M. Poulin n'appelle crime un acte moral. Mais il n'en est rien.

« Ce n'est pas, fait-il remarquer fort juste-
» ment, un crime à celui qui tient une reli-
» gion pour vraie, de la défendre par tous les
» moyens qu'il juge nécessaires. »

Il est évident que défendre de toutes ses forces ce que l'on regarde comme vrai, est un acte moral.

Ce qui est fort curieux, c'est que voilà, dans cette hypothèse bien entendu, tous les despotes imaginables justifiés par M. Poulin qui, d'autre part, proteste contre la doctrine des deux justices imaginée, dit-il, par Colins, « pour s'au-
» toriser à glorifier, comme des sauveurs de
» l'humanité, tous les despotes qui l'ont le
» plus indignement foulée aux pieds. »

* * *

Jusqu'ici, M. Poulin est en parfait accord avec le socialisme rationnel ; et l'on en serait à se demander où il a voulu en venir avec sa critique de la théorie des deux justices, si l'on ne s'apercevait, à la suite d'un examen plus approfondi, combien il possède incomplètement le sujet qu'il traite.

Je puiserai, pour cet examen, dans l'*Intro-duction* de son livre de *Dieu selon la science*, à laquelle il renvoye, ce qui me fait supposer qu'on n'y trouve pas ce qu'il appelle par euphémisme des *ménagements*, autrement dit des idées en contradiction avec ses idées du jour. Ce sera un peu long, mais l'importance de la question, et la nécessité d'y porter la lumière l'exigent.

Toute l'argumentation de M. Poulin aboutit à cette proposition saugrenue :

Le despotisme est nécessaire parfois à l'existence de l'ordre ; donc il est toujours méritoire de s'efforcer à le renverser.

Et son erreur découle de l'indétermination de ses expressions, du vague de ses idées. Montrons, clair comme le jour, ce vague et cette indétermination.

« Il est évident, dit M. Poulin, que les uns
» qui obéissent à leur conscience, sont les
» bons, que les autres, qui la violentent, sont
» les méchants. »

Cette qualification de bons et de méchants est relative à la justice éternelle, puisque la règle qui sert de critérium aux actions est la conscience individuelle.

« Mais, continue-t-il, qu'est-ce qui peut
» constituer socialement aussi les premiers en
» état de mérite, les seconds en état de démé-
» rite, sinon la soumission de ceux-là et la
» résistance de ceux-ci aux lois de la justice
» absolue ? »

Voilà précisément où gît la cause des erreurs
de M. Poulin : il admet une règle morale et
une règle sociale ; et il n'accepte qu'une espèce
de justice, la conformité avec la règle individuelle. Quant à la conformité avec la règle
sociale, il n'en est pas question pour lui. On
conçoit jusqu'où cette indétermination doit le
mener.

Ce qui constitue en état de mérite individuel,
c'est la conformité des actes avec les prescriptions de la règle particulière. Ce qui fait le
mérite social, c'est la conformité des actes avec
la règle générale.

« Ce que nous disons, ce qu'il faut qui soit
» bien entendu, c'est que, *avec de bonnes
» intentions des deux parts*, la conduite de celui
» qui lutte contre le mal existant, est ration-
» nelle, tandis que la conduite de celui qui le
» supporte ou le favorise, ne l'est pas. »

Si je comprends bien M. Poulin ; s'il juge

ici la conduite des autres *à son point de vue à lui*, d'après *sa règle à lui*, il peut avoir raison ; mais il sort de la question. Il s'agit de la théorie de la justice, et des jugements portés par la justice éternelle et par la justice sociale. A ce point de vue, l'assertion de M. Poulin est fausse et ne se comprend guère, provenant surtout de celui qui a soutenu, quelques lignes plus haut, que « l'intention seule fait la moralité de nos » actes », ... à moins qu'il ne mette les termes de moralité et de rationnalité en opposition.

« Faites consister le - devoir, conseille » M. Poulin, à se conformer toujours et quand » même aux prescriptions de la justice ab- » solue, et tout embarras cesse immédiate- » ment. »

Comprenez-vous cette plaisanterie d'exiger que tous les hommes, depuis l'origine sociale, soient obligés d'obéir à la justice absolue, ... qui n'est connue, encore aujourd'hui, de per- sonne pour ainsi dire ? Je suppose que M. Poulin aura voulu parler des prescriptions de la con- science, de la règle individuelle des actions ; mais il eût mieux valu ne pas le laisser deviner par ses lecteurs.

Avec des idées aussi vagues, il serait singu-

lier de ne pas arriver parfois à des contradic-
tions. J'en vais montrer un exemple.

« On ne saurait..., dit M. Poulin à propos
» de la condamnation de Socrate, nous objecter
» que le crime de Socrate c'était d'attaquer
» l'erreur, sans avoir la vérité toute prête à
» mettre à sa place. »

Quatre pages plus loin, on peut lire le contraire.

Parlant de Proudhon qui avait condamné
les religions sans avoir préalablement exposé
leur néant, M. Poulin continue :

« Remarquons ici, en passant, que quand
» même nous n'aurions pas cette lacune à lui
» reprocher, il ne se serait trouvé encore
» en possession que d'une vérité négative, qui
» ne pouvait jamais lui fournir une base
» de morale. Comment donc, n'ayant que
» des doutes, ne s'est-il pas cru obligé au
» silence? »
Concluons.

M. Poulin confond les expressions de justice absolue, justice relative, justice religieuse
et justice sociale, et sa critique se ressent
naturellement de ce défaut de précision : en
arrivant à se contredire à quelques pages de

distancè, il prouve le peu de valeur de ses objections sur la théorie des deux justices.

****

Silence de Colins sur les difficultés initiales de la société nouvelle.

Il a fallu à M. Poulin une certaine hardiesse pour écrire cette phrase; il a probablement compté n'avoir pour lecteurs que des gens qui n'auraient jamais parcouru Colins.

Faisons donc remarquer à ceux qui seraient portés à croire M. Poulin sur parole, que Colins a écrit, à propos des difficultés initiales de la société nouvelle, un ouvrage en trois gros volumes in-8°, que la mort l'a empêché de terminer, et qui est intitulé : *De la Justice dans la science, hors l'Église et hors la révolution.*

M. Poulin commence par exposer le cercle dans lequel il pourrait enfermer Colins, et qui se résume en ces termes : « Point de société » rationnelle, sans l'intronisation de la vérité » religieuse; mais point d'intronisation de la » vérité religieuse sans l'intronisation de la » société rationnelle. »

Puis il avoue que ce n'est pas à lui qu'il conviendrait de tenir un pareil langage, bref, qu'il aurait mieux fait de se taire.

Quoique également de cet avis, moins pour les raisons sur lesquelles M. Poulin s'appuye, qu'à cause de la faiblesse de ce cercle vicieux, je réfuterai cependant cette objection pour ceux qui seraient tentés de la considérer comme autre chose qu'une plaisanterie.

Comment peut avoir lieu la vulgarisation de la vérité religieuse? Tous en seront-ils mis en possession, instantanément, comme par un coup de baguette?

Évidemment, c'est par l'enseignement seul qu'une pareille transformation peut se faire. Mais est-ce aux majeurs d'une société encore dans l'ignorance qu'on peut s'adresser?

Non. La vérité religieuse doit être d'abord inculquée par l'éducation, puis confirmée par l'instruction. Par conséquent, c'est de la génération mineure qu'il y a lieu de s'occuper.

Mais, pour cela, il faut un ou plusieurs majeurs connaissant la vérité, d'abord, puis jouissant de la puissance sociale qui leur permette de s'emparer de l'éducation et de l'instruction. Telle est la première espèce de vulgarisation de la vérité.

Mais quand la génération mineure, ayant reçu l'instruction religieuse réelle, a été versée dans la société des majeurs, et que, à la suite d'une succession de versements pareils, tous se trouvent soumis à la raison, alors a lieu la seconde espèce de connaissance sociale de la vérité.

Ainsi : acceptation de la science réelle, premièrement par ceux qui se trouvent au pouvoir, puis, plus tard, par tous, tels sont les deux degrés d'intronisation de la vérité.

M. Poulin les a confondus, et c'est ainsi qu'il a pu formuler son prétendu cercle vicieux.

Brisons-le.

« La réforme semblerait d'abord néces-
» saire, dit-il, pour rendre possible la vulga-
» risation de la vérité religieuse, qui est elle-
» même la condition de la réforme. »

La réforme n'est pas nécessaire pour rendre possible la première espèce de vulgarisation de la vérité religieuse.

Cette première espèce est nécessaire pour commencer la réforme.

La réforme étant terminée, la seconde espèce de vulgarisation de la vérité religieuse en découle nécessairement.

« Point de société rationnelle sans l'intro-
» nisation de la vérité religieuse; mais point
» d'intronisation de la vérité religieuse sans
» l'intronisation de la société rationnelle. »

Non pas. Il suffit que les sommités sociales par le pouvoir possèdent la science réelle pour que l'intronisation de la vérité religieuse ai lieu au premier degré. Le second degré consiste dans la possession de cette vérité par tous les majeurs.

*
* *

Cette question étant vidée, je l'espère au moins, continuons notre examen.

M. Poulin semble extrêmement inquiet de ce qui pourra arriver, aussi longtemps que toutes les pièces du nouveau mécanisme social ne seront pas réunies et agencées. Rassurons-le.

La transformation sociale peut se faire exclusivement de deux manières : l'une pacifique, l'autre violente.

Si les bourgeois, comprenant assez tôt leur

véritable intérêt, commencent la transition avant que les souffrances du prolétariat aient poussé celui-ci à bout, la transition sera pacifique : elle se fera sans léser les personnes ni les propriétés. Mais, dans cette hypothèse, ceux qui souffrent se contenteront de l'amélioration relative que la situation sociale du moment permettra de leur accorder.

Au cas contraire, le besoin d'ordre exigera, selon les circonstances, une expropriation générale plus ou moins considérable, et la transition prendra des formes révolutionnaires, lésant les propriétaires dans leurs personnes et leur avoir à un point qui permettra d'améliorer le sort des malheureux d'une manière suffisante pour leur enlever tout intérêt au désordre.

M. Poulin se demande si l'État ne donnera l'éducation et l'instruction qu'à un tiers des enfants en âge de les recevoir, quand il ne sera encore en possession que d'un tiers de la richesse collective. Il eût mieux fait de se demander si, au bout de huit ans et un tiers de transition, il y aurait autant d'enfants à élever qu'au bout de vingt-cinq ans. Il se figure, sans doute, que le nombre des mineurs de

deux à dix ans est égal à celui des mineurs de
deux à vingt-et-un ans, ce qui fait peu d'hon-
neur à sa judiciaire.

*
* *

*Insuffisance et pauvreté des moyens indiqués
par Colins, pour la formation de la richesse
collective.*

« Ce n'est pas vingt-cinq ans, dit M. Poulin,
» mais trois ou quatre siècles qu'il faudrait,
» pour faire entrer à la propriété collective,
» le sol seulement ; et, comme ce n'est pas le
» sol tout seul, mais avec le sol la majeure
» partie des capitaux acquis par les généra-
» tions passées, qui doivent venir aux mains
» de l'État, trois ou quatre autres siècles
» deviennent encore nécessaires pour cette
» seconde absorption ; d'où il résulte que
» ce n'est guère avant un millier d'années,
» que la société nouvelle deviendrait pos-
» sible. »
Il est triste de voir comment on peut gâter
la meilleure cause, par la manière dont on la
défend. Il n'y a, dans l'objection formulée par
M. Poulin, que des assertions, de l'exagération

marquée, et des erreurs manifestes ; quant aux preuves, il n'en est pas question.

L'affirmation que le sol ne pourrait entrer à la communauté en vingt-cinq ans, avec les moyens indiqués par Colins, est exacte. Celle qu'il faudrait, pour obtenir ce résultat, trois ou quatre cents ans, est douteuse.

En effet, trois cas peuvent se présenter relativement à la transmission de la propriété après la mort :

1° Il n'y a ni testament, ni ligne directe ;

2° Il existe un testament, avec ou sans ligne directe ;

3° Il existe une ligne directe, mais pas de testament.

Dans le premier cas, le plus favorable à la apidité de la réforme matérielle, l'État hérite de tout, et tout le sol est entré à la communauté en quarante ans, durée approximative de la vie moyenne, en Belgique et en France.

Dans le troisième cas, le moins favorable, l'État n'a rien.

Dans le deuxième, enfin, l'État a le quart du sol après quarante ans, et il faut un grand nombre d'années, un nombre indéfini même strictement parlant, pour qu'il n'y ait plus de sol approprié individuellement.

Or, M. Poulin peut-il nous indiquer la proportion de richesses transmises annuellement en moyenne, par succession en ligne directe, en ligne collatérale, et *ab intestat ;* et peut-il nous assurer que cette proportion restera la même, une fois la période de transition entamée ? S'il le peut, pourquoi ne l'a-t-il pas fait ? C'était pourtant là une belle occasion de faire parade de ses connaissances en arithmétique. Et s'il ne le peut pas, sur quoi donc table-t-il ?

En somme, il a raison en soutenant que vingt-cinq ans ne suffiraient pas pour soustraire tout le sol à l'aliénation individuelle. En se bornant aux moyens proposés par Colins, et en partant de l'hypothèse la plus favorable, il faudrait environ quarante ans.

Mais quand M. Poulin demande *encore* quelques siècles pour la formation de la partie mobilière de la richesse collective, il n'y est plus. Se figure-t-il, peut-être, que l'État attendra le moment où la collectivité du sol sera complète, pour entreprendre la formation de la richesse mobilière commune ? Croit-il que les dispositions transitoires sur les successions n'atteindront que la propriété foncière? Mais si l'État frappe le capital d'un impôt, à l'occasion de sa transmission par décès, et autrement, voilà aussitôt la propriété mobilière collective qui débute, ou plutôt qui continue, car déjà il existe une richesse mobilière qui n'est pas individuelle. Et si, comme le reconnaît M. Poulin, les droits de mutation sont actuellement si productifs, qu'ils suffisent à faire entrer en quelques années dans les caisses de l'État, la valeur tout entière d'un immeuble, qui change trop souvent de propriétaire, pourquoi en serait-il autrement pour la richesse mobilière? Est-ce parce que les droits de mutation seraient remplacés par les droits de succession?

*
* *

Tromperie (1) ou équivoque de l'enseigne de Colins.

Dans le paragraphe qu'il intitule ainsi, M. Poulin expose deux objections, ou deux critiques, si l'on préfère.

____

(1) Oh! M. Poulin; cela n'est pas bien. Ignorez-vous que la bonne foi doit toujours être présumée?

Il prétend d'abord que l'expression *entrée du sol à la propriété collective* n'est pas exacte, puisque le socialisme rationnel exige la communauté simultanée du sol et d'une partie des capitaux.

Il soutient ensuite que l'émancipation du travail ne dépend pas essentiellement de la collectivité du sol, mais bien de la formation d'une richesse collective dont le sol ou une partie du sol peut, mais ne doit pas faire partie.

Commençons par la première objection.

Si la communauté du sol peut être réelle sans qu'il y ait en même temps des capitaux collectifs, M. Poulin a raison. Si la liberté du travail est, dans ces circonstances, poussée à son *summum*, M. Poulin a encore raison. Mais si ces deux hypothèses sont inadmissibles, M. Poulin a tort, et son objection est une chicane indigne d'une discussion sérieuse. Dans ce cas, en effet, l'expression *entrée du sol à la communauté* comprend, de nécessité logique, toutes les conditions indispensables à l'existence de cette communauté, entre autres, la collectivité d'une certaine partie des capitaux.

Prenons un exemple de définition dans les mathématiques, qui paraissent si familières à M. Poulin.

La somme des angles de tout triangle est nécessairement égale à deux angles droits. Ceci posé, suffit-il de définir le triangle *une surface terminée par trois droites*, ou faut-il ajouter : *dont la somme des angles est égale à deux droits?*

Non, pourrait dire M. Poulin; cette seconde condition est comprise logiquement dans la première, qui suffit par cela même pour constituer un triangle.

Eh bien, je vais démontrer, en examinant la seconde objection de M. Poulin, que la communauté du sol ne peut être réalisée qu'à l'aide de celle d'une partie des capitaux; et que cette communauté du sol, ainsi réduite, produit la liberté du travail.

Et quand ces preuves seront administrées, j'aurai, par cela même, rendu évidente la pauvreté de la première objection de M. Poulin.

**
* **

Avant d'entreprendre ma démonstration, je pourrais renvoyer aux excellentes raisons allé-

guées par M. Poulin, dans un ouvrage anté-
rieur (1), en faveur de la collectivité du sol.
On y voit, entre autres, comment la liberté du
travail dérive nécessairement de cette collectivité. M. Poulin a changé depuis, on s'en
aperçoit à la lecture de son dernier *factum*;
mais, avant de s'en prendre à Colins, ne devait-
il pas préalablement faire amende honorable
de ses erreurs, reconnaître une seconde fois
qu'il s'était trompé, et démolir ses propres arguments, afin de prémunir ses lecteurs contre
l'empoisonnement moral auquel il continue à
les exposer?

Il a préféré dire qu'il avait usé de ménagements : c'était à la fois plus court et plus
facile.

Je pourrais encore appuyer la collectivité
de l'ensemble du sol sur des raisons de justice
absolue. Est-il logique à ce point de vue, en
effet, de faire consister le salaire dans une
chose que le travailleur n'a pas faite, ou bien
est-il juste que celui-ci soit propriétaire seu-

(1) Indiqué sous le titre de *Religion et Socialisme*
sur la couverture des *Irrationnalités*.

lement du produit de son travail? Ensuite, le sol est-il le résultat du travail? De la solution de ces points découle celle du problème de la collectivité du sol.

La raison reconnaît que le sol, ayant existé antérieurement à l'homme, n'est pas produit par lui.

Et la justice exige que le travailleur jouisse tant des fruits qu'il a obtenus par son travail sur le fonds, sur le sol, ou sur ce qui en provient, que des améliorations qu'il a apportées à ce fonds, autrement dit de la plus value. Mais, quant au fonds lui-même, tel travailleur n'y a pas plus droit que tel autre.

D'où il suit que le sol tout entier doit être propriété collective, et que la propriété individuelle ne peut être que mobilière.

Mais il y a des gens qui ne comprennent pas les enseignements de la justice absolue, et pour ceux-là il faut une démonstration plus directe.

*
* *

Recherchons d'abord les conditions indispensables à la collectivité réelle du sol. Car il n'est pas logique de supposer, comme le fait

M. Poulin, que le sol soit commun, puis de raisonner dans cette hypothèse, sans s'inquiéter de savoir si elle est, ou non, absurde.

Pour que le sol soit réellement collectif, il doit être à la disposition de tous.

Tous étant successivement producteurs et consommateurs, le sol, pour être collectif, doit se trouver accessible à tous comme matière à modifier, et son revenu (le sol étant *inconsommable*) doit être dépensé au profit de tous.

Je n'insisterai pas sur la condition relative à la qualité de consommateur, puisque M. Poulin paraît n'avoir rien à y objecter. Examinons donc le premier point de plus près.

Un sol accessible à tous, c'est un sol qui peut être pris en location par tous, non pas à la fois, comme semblerait le comprendre M. Poulin, mais par le plus offrant et dernier enchérisseur.

Si le sol était offert en location sans le capital nécessaire à son exploitation, ceux qui ne possèdent rien pourraient-ils se présenter aux enchères? Et ne serait-il pas vrai de dire, dans cette hypothèse, que le sol est mis, non à la disposition de tous, mais à celle des riches seulement (1)?

La véritable communauté du sol ne peut donc exister sans qu'un *minimum* de capitaux soit, en même temps, approprié au profit de tous. Quand donc M. Poulin s'écrie : « Sup-
» posons le sol entré *seul* à la propriété col-
» lective; quelle va être notre situation, » sa situation à lui est de se trouver dans l'absurde.

Et il en sait là-dessus autant que personne.

« Comme ce ne serait, fait-il observer, que
» *par le capital que lui fournirait l'État*, équi-
» valent indispensable du pécule que l'émi-
» grant emporte avec lui en Amérique, qu'*il*
» *serait possible* à l'industriel (2) *de se livrer*
» *à l'agriculture*, nous constatons une fois de
» plus que la seule entrée du sol à la pro-

---

(1) Je néglige d'autres conditions absolument indispensables à la réalité de l'appropriation collective du sol, M. Poulin n'ayant pas dirigé sa critique de ces côtés.

(2) Et l'agriculteur, n'a-t-il pas, lui aussi, besoin d'un capital pour se livrer à l'agriculture?

» priété collective ne saurait suffire à la
» réforme. »

Il eùt mieux valu conclure que la seule
entrée du sol à la propriété collective n'est
pas une entrée réelle, et que dans l'expression : entrée du sol à la propriété collective,
est comprise implicitement l'appropriation
collective d'un *minimum* de capitaux.

Dès à présent, nous pouvons donc soutenir
que l'objection relative à l'enseigne du socialisme rationnel est renversée avec l'aide de
M. Poulin.

*
* *

Avant d'examiner les effets de la communauté du sol avec l'appropriation simultanée
du *minimum* de capitaux collectifs, et de
démontrer qu'ils consistent dans la liberté du
travail, voyons rapidement les conséquences
de la pseudo-communauté du sol, telle qu'elle
existe dans les pays où, toute la terre n'étant
pas encore aliénée, chacun peut s'en procurer
pour un prix dérisoire.

Ces conséquences sont, sinon la liberté du
travail, au moins une très-forte diminution
dans la domination de la matière, se tradui-

sant par des salaires exceptionnellement élevés.

Pour M. Poulin, c'est même l'affranchissement du travail qui en résulte.

« C'est parce qu'il y a en Amérique de la
» terre pour tout le monde, dit-il, que le
» travail y est *affranchi*. »

Ailleurs, il est moins affirmatif, et il commet
en même temps une erreur.

« En Amérique, l'élévation des salaires est
» telle, qu'il en résulte *presque* l'émancipa-
» tion du travail. »

Il oublie que le taux des salaires est le
résultat et non la cause de l'état de domination ou d'esclavage du travail.

*
* *

Voyons maintenant les effets de la collectivité du sol; et n'oublions pas que, pour qu'elle
soit réelle, il faut un *minimum* de capitaux
collectifs afin que les travailleurs sans capital
puissent prendre du sol en location.

Prenons d'abord acte d'un aveu de M. Poulin.

Après avoir prétendu que le mal social ne
provient pas essentiellement de l'aliénation du
sol aux individus, il s'écrie :

« Comme si le jour où le sol serait pro-

» priété collective, tout travailleur devait
» avoir la ressource de se procurer *en labou-*
» *rant* les choses nécessaires à la vie? Je ne
» dis pas que *la réforme* ne *serait* pas *l'équi-*
» *valent de cela,* mais je dis qu'elle ne serait
» pas cela, comme on a tort de le faire
» entendre. »

Ainsi, avec la communauté réelle du sol,
tout travailleur aurait la ressource de se procurer les choses nécessaires à la vie! Mais
n'est-ce pas là la liberté du travail, au moins
au matériel? Que faut-il de plus à M. Poulin?
Que chacun puisse labourer son coin de terre?
Ce serait encore faisable, si cela était nécessaire.

Du moment, en effet, que l'on suppose la
terre au moins assez grande pour nourrir tous
ses habitants, il suffirait de la diviser « en
» lots ne produisant que pour nourrir conve-
» nablement un maître, » pour que chacun
pût s'établir cultivateur si cela lui faisait
plaisir. Et alors, l'analogie avec l'Amérique
serait complète, le sol étant réellement une
province de l'Ouest ouverte aux travailleurs,
aussi longtemps qu'ils ne surabonderaient pas.

Ainsi, par la communauté réelle du sol,

avec la possibilité pour tous de se livrer à l'exploitation du sol, le travail est libre; et il est encore libre, de l'aveu de M. Poulin, quand même tout le monde n'aurait pas, à cause du nombre des lots, les moyens de se faire travailleur foncier.

Mais alors pourquoi prétend-il que l'aliénation du sol n'est pas la cause essentielle du mal social, et que la liberté du travail ne dérive pas uniquement de la collectivité réelle du sol?

*
* *

Insistons quelque peu sur le cas, qui se présentera évidemment, où tout le monde ne cultiverait pas la terre, disons mieux, où tout le monde ne serait pas disposé à exploiter la matière foncière. Cette exploitation ne se borne pas, en effet, au travail agricole; elle comprend au même titre tout travail industriel ou de transport, quand il a pour intermédiaire une propriété foncière. M. Poulin semble l'oublier.

Le nombre d'exploitations foncières pouvant toujours être mis en rapport avec celui des travailleurs disposés à en louer, chacun d'eux se trouve à même de se procurer, non pas autant de sol qu'il en veut, mais autant qu'il est capable d'en exploiter domestiquement; et alors il peut dire, pour le faire parler comme M. Poulin l'y autorise : Capitaliste, mon ami, il vous faut désormais compter avec moi, car vous ne sauriez plus me prendre par la faim : le sol social n'est-il pas là, où, grâce à la vigueur de mes bras, j'ai toujours à ma portée, comme pis aller, de l'indépendance et du pain?

Eh bien, cette possibilité d'acquérir de l'indépendance et du pain, possibilité qui constitue la liberté du travail, étend son influence sur tous les travailleurs, en les affranchissant aussi, et agit sur l'expression pratique de leur travail, sur leur salaire, en l'élevant d'autant.

Il est impossible en effet que, dans la même société, une catégorie de travailleurs soit esclave, si les autres sont libres; il est impossible qu'il y ait simultanément, d'une manière plus que passagère, hausse de salaire pour les uns, et baisse pour les autres. Le travail peut-il être, à la fois, plus offert que demandé, et plus demandé qu'offert?

Si donc, par la collectivité réelle du sol,
les travailleurs sur la matière foncière sont
libres, ceux qui exploitent la richesse mobilière ou intellectuelle le sont également.

*
* *

M. Poulin tombe dans une funeste erreur
quand il ne reconnaît pas l'analogie profonde,
constatée par Colins, entre la pseudo-collec-
tivité américaine du sol, et sa collectivité
réelle.

Examinons les raisons sur lesquelles il
s'appuye pour nier cette analogie.

« Il importe de remarquer, dit-il, qu'il
» n'existe aucune parité entre la position de
» l'émigrant américain et celle que ferait au
» travailleur agricole, de la manière que
» l'imagine Colins, l'entrée du sol à la pro-
» priété collective. Le premier, en effet,
» devenu propriétaire du sol qu'il cultive, a
» pour lui le fruit intégral de son travail,
» tandis que le second n'a que la moitié du
» sien, étant obligé de payer à l'État, le fer-
» mage qu'il payerait à un particulier. »

S'il existe une différence entre ces deux
espèces de travailleurs agricoles, elle est tout

entière à l'avantage de celui du socialisme rationnel. Tous deux sont propriétaires fonciers, mais le second ne peut perdre sa propriété. Tout comme le premier, le second a le fruit intégral de son travail, puisque le fermage qu'il paye à l'État, il se le paye à lui-même, comme M. Poulin semble du reste le reconnaître. C'est là probablement ce qu'il appelle la dissemblance des positions.

Continuons l'examen des prétendues preuves de M. Poulin.

« C'est parce qu'il y a en Amérique de la
» terre pour tout le monde, que le travail y
» est affranchi. »

C'est parce que, avec la collectivité réelle, il y aura de la terre pour tout le monde, que le travail sera affranchi.

En Amérique, tout le monde peut *acheter* du sol. Dans la société future, tout le monde pourra en *louer*. Cette différence suffit-elle, dans l'esprit de M. Poulin, pour expliquer que dans un cas le travail est libre, et dans l'autre, esclave?

« Donc, le jour où la *province de l'Ouest*
» sera entièrement *occupée*, le capital y rede-
» viendra maître, et le travail esclave. »

Pourquoi? Parce que tout le sol y sera devenu propriété privée; tandis qu'avec la collectivité réelle du sol, celui-ci n'étant plus à vendre, ne pouvant plus jamais redevenir propriété particulière, le travail reste libre.

« Or, dans tous les pays possibles, le jour
» où tout sera *cultivé*, que voit-on qui puisse
» ressembler et équivaloir au refuge qu'offre
» de nos jours aux travailleurs la *province de*
» *l'Ouest ?* »

Admirons d'abord cette ingénieuse confusion entre l'*occupation*, ou l'appropriation privée, et la *culture*. C'est cette confusion qui a permis à M. Poulin de ne pas s'apercevoir que, dans tous les pays possibles, le capital est maître quand la terre est entièrement occupée, tandis qu'il est esclave quand, quoique entièrement cultivée, elle n'y est cependant pas occupée individuellement.

« Est-ce que l'entrée du sol à la propriété
» collective aura la vertu d'en accroître indé-
» finiment l'étendue? »

A quoi bon? Il ne s'agit pas du défaut de subsistances par excès de population, mais bien de liberté et d'esclavage du travail. L'accroissement indéfini en étendue ne serait à souhaiter que lorsque le fonds pseudo-commun, — la *province de l'Ouest,* — est graduellement aliéné. Mais quand le sol est et reste commun, quand il est non vendu, mais loué, à quoi bon une augmentation, je le demande de nouveau?

« Comment donc, lorsque la terre occu-
» pera autant de bras qu'elle en peut occu-
» per, tout le monde dans la société nouvelle
» aura-t-il, faute de mieux, la ressource de
» se faire laboureur? »

J'ai déjà fait remarquer que la terre peut, à la rigueur, occuper tous les bras; ce n'est qu'une question de division agraire. J'ajouterai que les exploitations foncières étant adjugées au plus offrant et dernier enchérisseur, et tous étant socialement en mesure de se présenter aux enchères, ces exploitations sont en réalité à la disposition de tous.

**
* **

M. Poulin émaille sa critique de la collectivité du sol, de quelques propositions hétéroclites dont il n'est pas inutile que le lecteur ait une idée.

Formuler la question de telle manière que

la réponse soit nécessairement comme la désire l'interrogateur, constitue une partie de l'art du sophiste, que M. Poulin applique avec succès. En voici un exemple.

« *Supposons* aux mains de l'État, dit-il,
» la plus grande partie des richesses exis-
» tantes, sauf le sol qui resterait individuel-
» lement approprié, et *admettons* que l'État
» puisse ainsi élever gratuitement tous les
» enfants, doter les majeurs à leur entrée
» dans le monde, et les soutenir toujours de
» ses capitaux; l'affranchissement du travail
» rencontre-t-il alors aucun obstacle? »

Traduite en bon français, cette phrase devient :

Posons que le travail est libre, est-il esclave?

Permis à chacun de faire des suppositions, pourvu qu'elles ne soient pas absurdes; sinon il n'est pas impossible de parvenir à établir l'existence du bâton à un bout. C'est ce qui est arrivé à M. Poulin.

Actuellement il y a une certaine quantité de capitaux collectifs et le sol est aliéné aux individus. Dans la société rêvée par M. Poulin, il y a beaucoup de capitaux collectifs, et le sol reste aliéné aux individus. Actuellement, les capitaux sociaux sont alimentés par les impôts, et ceux-ci sont payés par le travail. Dans la société selon M. Poulin, la collectivité des capitaux sera également alimentée par les impôts, et ceux-ci seront encore soldés par le travail. Il serait incompréhensible, en effet, que le travail ne pût pas se débarrasser d'un impôt relativement modéré, et qu'il fût capable de se décharger sur la richesse d'un impôt excessif.

Ainsi, dans la société proposée par M. Poulin, le travail ne peut être libre.

Dans le passage suivant, M. Poulin expose une de ses théories (il en possède plusieurs) sur l'organisation de la propriété foncière, *sans y attacher* du reste, dit-il, *la moindre importance,* absolument comme s'il se doutait bien qu'elle est absurde. Tout en admirant cette façon de traiter les sujets scientifiques, je veux faire ressortir les singularités auxquelles on aboutit avec cette thèse.

« Si l'on nous répond, avec raison, du
» reste, que autre chose est de payer le fer-
» mage de la terre à un particulier qui ne
» vous rend rien, et autre chose de le payer

4

» à l'État, quand l'État vous fait participer à
» toutes ses richesses, ne pourrions-nous pas
» répliquer, que la terre ne produisant que
» pour nourrir convenablement un maître (1),
» le plus simple et le meilleur serait *peut-*
» *être* de la laisser avec tout son produit à
» ceux qui la cultiveraient, à la seule condi-
» tion, de toujours la cultiver eux-mêmes? »

Les lots, au lieu d'être accordés au plus
offrant et dernier enchérisseur, le seraient
probablement au plus rapide à la course, à
moins d'être tirés au sort.

Et comme M. Poulin conserve l'hérédité,
les enfants des cultivateurs seraient contraints
de continuer la profession de leurs parents,
ou bien de perdre leur terre.

« On ne saurait disconvenir que, exonéré
» du fermage, le cultivateur ne se trouvât
» dans d'excellentes conditions pour amélio-
» rer le sol sans aucun secours étranger, ce
» qui permettrait à l'État de garder tous ses

(1) Que signifie cette assertion? La somme des
produits d'une terre ne dépend-elle pas, en grande
partie, de son étendue?

» capitaux pour les travailleurs de l'atelier. »

On avouera également que le cultivateur se trouverait dans de meilleures conditions encore, si, ne payant pas de fermage, il recevait une rente de l'État pour la peine qu'il veut bien se donner de s'enrichir.

Plaisanterie à part, le moyen proposé par M. Poulin est très-propre à enrichir certains particuliers déjà riches, et à empêcher que la richesse sociale n'arrive au *maximum*; il est parfait, en même temps, pour écarter de l'exploitation du sol les travailleurs sans capitaux.

*
* *

Quand il y a un revenu social provenant d'une propriété collective, le travail peut ne pas être exploité socialement.

Quand il n'y a pas de propriété collective, le travail est toujours exploité socialement : c'est lui qui paye l'impôt.

L'impôt seul, en dehors de la collectivité du sol, peut donner naissance à une propriété mobilière commune.

Quand le sol appartient à la communauté, la richesse mobilière collective est produite aux dépens de la richesse mobilière individuelle.

Quand le sol est aliéné aux individus, la richesse collective mobilière est constituée aux dépens du travail.

Et voilà comment la liberté du travail a pour condition essentielle la formation d'une propriété collective foncière.

Maintenant, pourquoi Colins s'est-il souvent servi de l'expression : communauté du sol *et d'une grande partie des capitaux?*

Pour deux motifs :

1° Il y a des gens qui, pour y voir, ont besoin, non d'une chandelle, mais d'un lustre;

2° Il ne suffit pas que, dans la société nouvelle, le travail soit libre; il faut aussi qu'en pratique sa domination sur la richesse soit poussée au *maximum,* ce qui s'obtient seulement en faisant entrer le *maximum* de richesse à la propriété collective.

** **

De la propriété, après l'entrée du sol à la propriété collective.

Une fois que la nécessité sociale de l'entrée du sol à la propriété collective est reconnue, tout ce qu'il est possible de dire sur ce que

devient la propriété mobilière après cette entrée, doit être évidemment considéré comme
non avenu.

Il est même permis d'aller plus loin et
d'affirmer que les objections formulées alors
contre la richesse mobilière prouvent simplement l'ignorance de leur auteur.

Il suffit de lire dans les *Irrationnalités* le
paragraphe dont j'ai donné l'énoncé ci-dessus,
pour être convaincu que M. Poulin ne se rend
pas un compte clair du problème de la propriété. C'est peut-être le passage de son opuscule par lequel on voit le mieux combien l'étude
du socialisme rationnel lui a peu profité.

« Le mot propriété, dit-il, implique l'idée
» d'un droit personnel et exclusif. »

Personnel, pas toujours, quand il s'agit
par exemple d'une richesse appartenant à
deux ou plusieurs. *Exclusif*, pas toujours,
lorsqu'il est question par exemple d'une
richesse appartenant à tous.

Immédiatement après, M. Poulin démontre
la vérité de ce que je viens de dire.

« Comment *donc* ce qui est possédé en
» commun ou appartient à tous, serait-il la
» propriété de personne, puisque personne

» ne peut se le rendre propre? N'est-ce pas
» seulement au moment où cesserait l'indivi-
» sion, que commencerait la propriété? »

Traduisons : N'est-ce pas seulement au
moment où cesserait l'appropriation collective que commencerait l'appropriation individuelle?

A l'exception du *donc*, M. Poulin n'a peut-
être jamais mieux raisonné.

« Autrement les adjectifs *propre* et *commun*,
» qui expriment des idées opposées, seraient
» des expressions synonymes. »

Précisément : propre *à tous*, et commun,
sont termes identiques.

« Sur ces principes, ce que Colins appelle
» l'entrée du sol à la propriété collective est
» proprement l'abolition de la propriété par
» rapport au sol. »

Comment? Ce qui appartient à tous n'est
pas une propriété individuelle, et il faut en
conclure que lorsque le sol appartiendra non
aux individus, mais à tous, il ne sera pas une
propriété collective?

Pour raisonner ainsi, il faut vraiment n'avoir
aucune idée sur l'appropriation. M. Poulin
paraît même, — chose à peine croyable, —

ne concevoir d'autre propriété possible que la propriété foncière.

« Le sol et tout ce qui en couvre la super-
» ficie une fois entré à la propriété collective,
» que reste-t-il par quoi on soit *vraiment pro-*
» *priétaire,* vraiment riche? Qu'est-ce qui sera
» encore *réellement* objet de propriété? » (1)

Et M. Poulin apporte en preuves le désir de tout le monde de devenir propriétaire foncier, et les répugnances que causerait universellement la proposition de faire entrer le sol à la collectivité.

Qu'y a-t-il à répondre à des arguments d'un pareil calibre ?

Après cela, M. Poulin plaint de tout son cœur les riches de la société future, de ce que l'impôt, frappant le capital au lieu du travail, les dépouillera d'une partie de leur richesse. Il eût été plus court et plus franc de deman-

(1) Absolument rien : car *le sol et tout ce qui en couvre la superficie,* c'est la matière foncière et mobilière, en dehors de laquelle il n'est pas de propriété possible. Mais M. Poulin s'est fort mal exprimé; il a voulu dire : le sol et ce qui y tient. Les développements qu'il donne à sa thèse le prouvent à l'évidence.

der tout simplement que la société reste
organisée comme elle l'est. Car si le revenu
social n'est pas prélevé sur la richesse, il doit
l'être sur le travail.

Cette idée d'appeler l'impôt une spoliation,
une atteinte à la propriété, est une des mille
sottises mises en avant, dans le temps, par les
économistes et reprises ensuite par les socia-
listes de la plupart des écoles; M. Poulin
aurait beaucoup mieux fait de ne pas l'ac-
cueillir.

*
* *

Je passe des critiques qui tombent complètement à faux, comme se rapportant à des
propositions dont il n'y a de traces nulle part
dans le socialisme rationnel, pour discuter
quelques instants la question de la dette publique.

M. Poulin accuse Colins de violer la propriété, quand « il n'imagine d'autre moyen
» d'amortir la dette de l'État, que de faire
» compter comme annuités, pour le rem-
» boursement du capital, les payements des
» intérêts. »

M. Poulin aurait dû, me semble-t-il, afin

de mieux mettre ses lecteurs en état de juger si Colins est réellement coupable, ne pas tenir sous le boisseau les explications fournies par le prévenu.

Je vais réparer cette omission, involontaire sans aucun doute.

D'abord, la conservation de la dette publique est aussi incompatible avec la domination du travail sur la richesse, que le maintien de cette espèce de dette est indispensable pendant le règne de la souveraineté du peuple.

Donc, nécessité sociale de l'anéantissement de la dette publique, pour le moment où le règne de la force fera place à celui de la raison.

Mais, pendant la période de transition, et par l'effet des discussions qui ne manqueront pas de surgir sur la constitution sociale de l'avenir, et entre autres points particuliers, sur l'obligation d'anéantir toute dette publique dans l'intérêt de l'ordre, par conséquent de tous, la valeur des fonds publics baissera progressivement, pendant que les possesseurs de rentes sur l'État auront été éclairés sur ce à quoi ils s'exposaient.

Dès lors, la société n'est plus responsable

du tort qui peut leur arriver. Ceux qui ont gardé de ces rentes, n'ont pas eu confiance dans l'avénement de la nouvelle société; ils ont joué en faveur de l'ancienne, et ils ne peuvent imputer leur perte qu'à eux-mêmes.

Du reste, ces pertes ne seront jamais très-considérables, la valeur des fonds publics tendant à atteindre, pendant la période de transition, un *minimum* égal à une année d'intérêt.

Loin de voir là une atteinte à la propriété, il faut au contraire y constater une mesure qui la protège.

Tout ce qui concourt au maintien de l'ordre, disons même à la fondation d'un ordre imperturbable, loin d'attenter à la propriété, la consolide au contraire, puisque, en dehors de l'ordre, la propriété ne peut subsister.

L'existence d'une dette publique est incompatible avec la domination du travail qui, elle-même, va devenir absolument indispensable pour que l'ordre soit possible.

Lors donc que l'autorité sociale de l'époque de transition décrétera la disparition de toute dette publique, pour le moment où les premiers mineurs sortiront des établissements d'instruction, elle prendra une disposition qui sauvegardera la propriété.

Le pouvoir de l'époque transitoire serait même responsable de tout ce qui pourrait arriver si la dette publique n'était pas anéantie; et c'est alors seulement qu'il pourrait, à juste titre, être accusé de porter atteinte à la propriété.

Quant à la manière dont s'opérera l'extinction de cette dette, elle dépend beaucoup des circonstances dans lesquelles on se trouvera alors. Cette question, trop importante pour être traitée en passant, mériterait d'être l'objet d'une étude particulière.

*
* *

Comment l'égalité sociale n'est pas du tout l'égalité des moyens.

M. Poulin avait une manière bien simple de prouver la vérité de sa thèse. Il lui suffisait de dire : J'entends par égalité sociale telle chose, par égalité des moyens telle autre chose; et il restait seulement à conclure. Il a préféré, je ne sais pourquoi, n'en rien faire.

Recherchons, en conséquence, ce que signifient, pour M. Poulin, les expressions dont il se sert.

« Là où serait *établie* l'égalité des moyens,
» dit-il, quelle que fût après cela dans toutes
» les circonstances l'inégalité des conditions,
» qui pourrait se croire fondé à se plaindre?
» Ne suffirait-il pas que le mal ne fût pas une
» conséquence de l'imperfection de l'ordre
» social, pour qu'on n'eût plus ni à qui ni à
» quoi s'en prendre? »

D'où il paraît résulter, — le mot *établie* l'indique clairement, — qu'il y a égalité des moyens pour M. Poulin, quand cette égalité dépend de l'organisation sociale; en deux mots, que l'égalité des moyens, c'est l'égalité *sociale* des moyens. Alors, en effet, on ne peut plus s'en prendre à la société de la condition dans laquelle on se trouve, mais bien à soi-même, puisque, d'après lui, « il est une
» éternelle justice; donc toujours nos succès
» ou nos échecs sont relatifs à nos mérites ou à
» nos démérites dans des vies antérieures, »
et aussi à notre activité dans la vie actuelle, ne l'oublions pas.

Un seul mot sonne mal dans la phrase de

M. Poulin : le mot *imperfection*. Comment, en effet, peut-on dire d'un ordre social qu'il est imparfait, s'il n'est plus la cause du mal ? « Quelle que soit la somme du mal qui reste » sur la terre, ne suffit-il pas qu'elle ne soit » pas la conséquence de l'organisation sociale, » pour que cette organisation soit aussi par-» faite que possible et de tous points irrépro-» chable ? » C'est M. Poulin qui l'affirme, et sans *ménager* personne cette fois, je l'espère.

Il est donc bien entendu que, pour lui, l'égalité des moyens, c'est l'égalité sociale des moyens, c'est le placement de tous, par la société, dans des conditions égales de travail.

Et son égalité sociale, que signifie-t-elle ? Je l'avoue : malgré mes recherches, je n'ai pu en découvrir une définition claire et explicite. J'ai vu beaucoup de passages dans lesquels l'auteur parle de cette sorte d'égalité ; mais toujours, sans dire pertinemment ce que c'est.

Dans cet état de choses, il m'est impossible, on le comprend, de m'assurer si l'égalité sociale est, oui ou non, la même chose que l'égalité des moyens.

*
* *

Dès lors, avançons, en renversant quelques sophismes qui embarrassent la route.

« Si, dit M. Poulin, c'est un grand avan-
» tage dans la société nouvelle, d'avoir des
» capitaux au meilleur marché possible, il
» est pourtant quelque chose de plus avanta-
» geux encore : c'est d'en avoir qui ne coûtent
» rien ; et tel est le cas lorsqu'on en a par
» héritage, c'est-à-dire par droit de nais-
» sance. »

Il est bon d'être clair, ou de moucher sa chandelle, comme s'exprime M. Poulin ; mais en la mouchant de trop près, on risque fort de l'éteindre. C'est ce qui lui est arrivé en voulant expliquer son *par héritage*, qui, du reste, n'avait nul besoin d'élucidation.

Hérédité et *droit de naissance* sont choses complètement distinctes. Pour hériter par droit de naissance, l'hérédité doit être forcée ; sinon le droit d'hériter ne s'acquiert pas en naissant. Quand il y a liberté de tester, il n'existe plus de droit pour celui en faveur de qui le propriétaire teste.

*
* *

Passons à une deuxième erreur.

« Est-ce que la lutte alors a lieu à armes
» égales, continue M. Poulin, et est-il bien
» exact de dire qu'il n'y a désormais concur-
» rence qu'au *critérium* de la raison, et non
» plus au *critérium* de la force? Pouvons-nous
» méconnaître qu'il y ait encore des forts et
» des faibles ? »

Est-il bien exact d'accuser le socialisme
rationnel de dire que dans la société future il
n'y aura plus ni forts ni faibles, quand il se
borne à affirmer qu'il n'y aura ni forts ni
faibles *socialement?* Et est-il bien nécessaire
d'ajouter que la force et la faiblesse sont consi-
dérées individuellement ou socialement, selon
qu'elles dépendent des individus exclusivement, ou de l'organisation sociale ?

Sans doute, il y aura toujours des forts et
des faibles, individuellement; la lutte n'aura
donc jamais lieu à armes individuellement
égales. La société ne serait-elle parfaite, pour
M. Poulin, que si tous avaient des organismes égaux, des volontés égales, et des propriétés individuelles égales?

*
* *

Passons à une troisième méprise.

« Notre devoir est …. de tendre, par la
» perfection de notre ordre social, à la réali-
» sation d'un bonheur parfait, sans autrement
» nous inquiéter si la vertu aura ou n'aura
» pas assez d'exercice. »

Pas tout-à-fait exact. L'organisation sociale
ne doit avoir qu'un résultat, l'existence de
l'ordre; et, à présent que l'examen est incompressible, ce résultat peut seulement être ob-
tenu en faisant porter à chacun toute la res-
ponsabilité de son bien-être. La société n'a
pas à s'occuper directement de notre pros-
périté, mais elle doit mettre chacun de nous à
même de réaliser le plus grand bien-être possible.

*
* *

Dévoilons encore un sophisme.

« Mais, si la justice veut l'égalité des
» moyens, la propriété s'y oppose : ne faut-il
» pas qu'on ait le droit de transmettre son
» bien à qui l'on veut? »

Et en quoi ce droit de disposer, qui exclut

tout droit de naissance, empêche-t-il l'égalité
sociale des moyens? M. Poulin aurait bien fait
de le dire, pour épargner à ses lecteurs la peine
de le chercher, sans parvenir à le trouver.

« Et, à supposer même que l'on ne pût
» avoir pour héritier que l'État, ce qui serait
» une violation flagrante du droit de pro-
» priété, ne suffirait-il pas qu'il fût loisible à
» celui qui prospère, de faire part, encore
» vivant, de ses richesses à ses enfants, à ses
» parents, aux objets, quels qu'ils fussent, de
» son affection et de son estime, pour que
» l'égalité des moyens restât à jamais un
» mensonge?

Je continue à ne pas trouver de rapport
d'opposition possible entre la libre disposition
des richesses et l'égalité sociale des moyens.

« Or, si la justice veut l'égalité des moyens,
» et que la raison ne se sépare pas de la jus-
» tice, comment un système de socialisme
» qui exclut l'égalité des moyens, peut-il jus-
» tement s'appeler rationnel? »

Le socialisme rationnel ne repousse pas, il
exige au contraire l'égalité sociale des moyens;
donc, d'après M. Poulin lui-même, il mérite
à juste titre l'épithète de rationnel.

Le socialisme de M. Poulin part de ce qu'il appelle l'égalité sociale, en laissant de côté l'égalité des moyens; donc, d'après lui-même, son socialisme est irrationnel.

*
**

Comment Colins, pour assurer le bonheur
de la famille, anéantit la famille.

Pour parvenir à savoir si Colins anéantit réellement la famille, voyons en quoi elle consiste; et comme il s'agit ici de choses touchant de très-près à la physiologie, recherchons d'abord ce qu'est la famille, physiologiquement. Une courte excursion dans le domaine des sciences naturelles suffira pour cela.

Zoologiquement, la famille, à son origine, est l'union de deux individus de sexes différents.

A cet échelon de l'échelle des êtres, où les produits n'ont pas besoin des soins des parents pour pouvoir vivre et se développer, la famille se borne aux père et mère, et dure aussi longtemps que l'attraction organique rapproche ceux-ci. Cette durée peut n'être que de quelques instants, le temps nécessaire pour que l'attraction soit satisfaite : c'est, au physique, un mariage éphémère.

Mais quand les petits se trouvent dans la nécessité de recourir aux soins des parents, comme cela se constate particulièrement dans la partie supérieure de la série des êtres, alors la famille comprend le mâle, la femelle, et les petits s'il y en a, aussi longtemps que ceux-ci restent, pour leur entretien et leur développement, dans la dépendance de ceux-là.

Il arrive même dans certaines espèces supérieures que la dispersion de la portée ne dissout pas la famille, le mâle et la femelle restant unis leur vie durant.

Il y a à considérer dans la famille organique ou physique les quatre types suivants :

1° Promiscuité : c'est la famille éphémère;

2° Polyandrie et polygamie;

3° Monogamie temporaire;

4° Monogamie perpétuelle.

*
* *

Comment les enfants font-ils partie, organiquement, de la famille?

Avant la naissance, par leurs rapports anatomiques avec la mère;

Après la naissance, par la nécessité des soins relatifs à leur développement physique.

« Parmi les espèces vivipares, dit M. J.-C.
» Houzeau, la progéniture est, durant son
» développement fœtal, un membre de la
» mère. Est-il donc étonnant que celle-ci
» montre un attachement particulier pour ce
» qui est partie intégrante d'elle-même? »

Et parmi les espèces ovipares, l'œuf, avant la ponte, a été aussi une partie de la mère.

Après la naissance, dans les espèces où les jeunes ont besoin du secours des parents, ils continuent à faire partie de la famille tant que ce besoin persiste; le lien qui les y rattache, pour ne pas être corporel, n'en existe pas moins : c'est l'attraction qui rapproche les petits de la mère spécialement, attraction résultant de la nécessité, pour ceux-ci, d'être nourris et protégés.

« Dans l'expression primitive et inculte de
» leur nature, dit M. Houzeau, les enfants
» n'ont pas ..... d'attachement vif ni spécial
» pour leurs parents..... C'est à la mamelle
» plus qu'à la personne qu'il (le mammifère)
» s'attache. »

Une fois cette nécessité disparue, le lien

dont je parle est brisé, et la famille est de nouveau réduite aux parents, quand ceux-ci font partie d'une espèce à monogamie persistante.

« Quand les petits ont reçu l'éducation » nécessaire, dit encore M. Houzeau, ils s'en » vont d'eux-mêmes, sans aucune trace de » chagrin ni de regret. Bien plus, ils se bat-» tent souvent avec leurs parents, les traitent » sans pitié, et leur arrachent la nourriture. »

En conséquence : la famille, en restant toujours dans le domaine purement matériel, organique, physiologique, se compose du mâle et de la femelle seuls, ou avec leurs petits aussi longtemps que ceux-ci ont besoin, pour vivre, du secours de leurs parents.

Le lien familial, c'est d'abord l'attraction qui rapproche les sexes, puis celle qui unit les enfants aux parents, et qui consiste, de la part des enfants, dans le besoin de protection, de la part des parents, dans la tendance vers ce qui a fait partie constituante de la mère.

*\
* *

Il est certes permis de définir ses expressions comme on le désire; il faut seulement que la définition ne renferme pas l'absurde, et qu'elle serve à faciliter le raisonnement.

Et c'est précisément pour cela que nommer *famille* la réunion du père, de la mère *et des enfants*, est une faute; car cette définition, loin de rendre le raisonnement plus aisé, est la source de difficultés inextricables.

S'il n'y avait famille que lorsqu'il y a des enfants, il faudrait déterminer le moment précis où l'on passe du couple conjugal à la famille. Suffit-il qu'il y ait conception, ou est-ce seulement à l'instant de la naissance? Et si l'enfant est mort-né, ou si c'est un monstre, y a-t-il famille? Et si l'enfant meurt après avoir vécu quelques heures, quelques jours, quelques années, la famille cesse-t-elle aussitôt d'exister?

Il pourrait paraître rationnel de soutenir que la famille commence à la naissance de l'enfant, lorsque la mère s'en sépare; mais, en réalité, la séparation de la mère et de l'enfant n'a lieu que beaucoup plus tard, lorsque l'un n'a plus besoin de l'autre pour ce qui est relatif à la conservation et au développement physique. Il est même à remarquer que le lien qui rattache l'enfant à la mère, corporel avant la naissance, le reste encore quelque temps après, constitué par le besoin de l'allaitement dans les espèces supérieures, et ne devient incorporel qu'ensuite.

Aussi, soutenir que la famille commence seulement après que la séparation de la mère et de l'enfant est consommée, revient à dire que la famille débute au moment où, physiologiquement, elle finit.

*
* *

Appliquons ces données au cas où la famille, de purement matérielle qu'elle était, devient intellectuelle, parce que les êtres qui la forment jouissent de la perception de l'existence.

L'être sensible présente, comme ceux qui ne le sont pas, des attractions et des répulsions organiques, des tendances organiques, avec cette différence que, en vertu de sa sensibilité, ces tendances sont perçues en devenant des besoins, ou des passions. Mais de plus, cet être est le siége de tendances intellectuelles ou rationnelles provenant, non plus de l'organisme seul, mais de son union avec une sensibilité. Car c'est de cette union que résulte, moyennant certaines conditions, l'intelligence.

L'attraction de deux êtres l'un pour l'autre devient, quand elle est perçue, de l'amour. Celui-ci, en conséquence, est de deux espèces, selon qu'il s'agit d'une tendance organique ou intellectuelle.

L'amour physique, c'est l'attraction sexuelle, ou celle qui règne entre les parents et les enfants, et qui provient des rapports organiques. L'amour intellectuel, c'est l'amour raisonné, résultant d'un choix, d'une détermination non nécessitée, non fatale, mais libre.

Confondre ces deux espèces d'amour ou n'en reconnaître qu'un, c'est raisonner faux : c'est confondre les espèces d'un même genre, ou errer dans le dénombrement des espèces.

Voyons maintenant ce que devient le lien entre les parents et les enfants chez les êtres intelligents.

Le lien physique reste ce qu'il était.

Le lien intellectuel ne pouvant exister que chez les êtres dont l'intelligence a acquis quelque développement, l'amour intellectuel des enfants pour les parents commence seulement lorsque les premiers ont déjà reçu une certaine culture cérébrale. Mais l'amour intellectuel des parents pour les enfants peut exister dès le début.

Organiquement, les enfants ne font partie de la famille que temporairement. Intellectuellement, ils en font toujours partie, tant que le lien intellectuel n'est pas rompu.

La simultanéité des deux tendances organique et intellectuelle, ou de passion et de raison, a pour conséquence obligée la subordination de l'une à l'autre, et, pour celui qui veut se soustraire au joug des passions, la subordination de la tendance organique à la tendance intellectuelle.

*
* *

Et comment les enfants font-ils intellectuellement partie de la famille générale, de la famille sociale?

Soit par la surveillance que celle-ci exerce sur l'éducation et l'instruction domestiques;

Soit par les soins intellectuels qu'elle donne elle-même aux enfants.

Ceux-ci appartiennent donc à la société, en époque d'ignorance pendant la période de compressibilité de l'examen, et sous la souveraineté de la raison. En époque anarchique, de nos jours par exemple, plus rien ne rattache les enfants à la société.

Une fois l'examen devenu incompressible, il faut évidemment, pour établir un ordre imperturbable, rattacher d'abord les enfants à la famille sociale, puis subordonner à celle-ci la famille domestique.

*
* *

Colins anéantit la famille, nous dit M. Poulin. Voyons ce qui en est.

« Là où les enfants sont dès l'âge de trois(1)
» ans enlevés à leurs parents, pour rester
» entre les mains de l'État jusqu'à leur âge de
» majorité, que devient la famille? »

Ce seul mot d'*enlevés* prouve à toute évidence que M. Poulin n'a pas lu les œuvres de Colins,....... avec l'attention qu'elles méritent.

Que l'éducation et l'instruction soient données domestiquement ou socialement, le lien organique n'en est pas moins presque entièrement effacé, du côté des enfants, vers l'âge de deux ans; et par conséquent, sous ce rapport, il n'y a pas destruction de la famille,

____

(1) Où M. Poulin a-t-il trouvé ce chiffre?

dans quelque hypothèse que l'on se place, puisque les enfants n'en font plus partie.

D'autre part, l'amour organique des parents pour les enfants est généralement subordonné à l'amour intellectuel, et le sera encore davantage dans la société future; à cause de la soumission universelle à la souveraineté de la raison. Le lien familial, du côté des parents, est donc particulièrement intellectuel.

Ceci posé, que l'éducation et l'instruction soient données domestiquement ou socialement, le lien intellectuel n'en reste pas moins entier; et par conséquent, sous ce nouveau rapport, il n'y a pas destruction de la famille.

Si, comme le prétend erronément M. Poulin, l'État enlevait les enfants aux parents, le lien familial intellectuel serait rompu, c'est évident. Mais si les parents donnent volontairement leurs enfants; si, dans l'intérêt bien entendu de ceux-ci, ils subordonnent l'attraction organique qu'ils éprouvent pour eux, à l'affection intellectuelle qu'ils leur portent, n'est-ce pas là, au contraire, le renforcement du lien moral de la famille?

« Ce qui fait pour les enfants la famille et » dépose en eux les germes de la piété filiale,

» ne sont-ce pas les tendres soins dont ils
» sont l'objet et dont ils se souviendront un
» jour? Ce qui fait la famille pour le père et
» la mère, n'est-ce pas la peine qu'ils ont à
» nourrir, à élever, à établir leurs enfants?
» Les enfants ont-ils encore des parents,
» quand ils doivent tout à l'État? Les parents
» ont-ils encore des enfants, quand la solli-
» citude de l'État a remplacé la leur? »

M. Poulin part toujours de la supposition
absurde que l'État enlèvera les enfants aux
familles. Quand les parents sacrifient leurs
passions au bien de leurs enfants, en confiant
ceux-ci aux soins de l'État; quand ils subordonnent ainsi la famille domestique à la
famille sociale, ce qui ne veut pas dire qu'ils
l'anéantissent; ils ont encore des enfants, et
ceux-ci ont encore des parents.

M. Poulin accuse Colins d'illogisme et de
mauvaise foi. Cela ne m'étonne guère : il n'a
pas lu Colins. Je ne reprocherai pas à M. Poulin sa mauvaise foi : les plus simples convenances l'interdisent. Mais je lui objecterai son
peu de connaissances en sciences naturelles,
sans lesquelles il est impossible de bien raisonner en science sociale.

*
* *

Comment les conditions qui doivent selon Colins sanctifier l'union conjugale sont uniquement propres à la corrompre.

Ces conditions sont, à entendre M. Poulin, l'*enlèvement* des enfants par l'État.

Voyons d'abord les terribles conséquences de cet enlèvement.

« Si rien peut prévenir chez une jeune
» femme de coupables désirs ou y faire une
» salutaire diversion, n'est-ce pas le tracas et
» les tribulations que donne l'éducation des
» enfants? Si rien peut retenir un mari au
» foyer domestique, n'est-ce pas le besoin de
» récompenser ce qu'il y voit d'amour et
» d'abnégation? Si rien enfin peut faire re-
» noncer un débauché à de criminels des-
» seins, n'est-ce pas le spectacle touchant
» d'une jeune mère entourée de sa naissante
» famille?

» Mais dans l'état de désœuvrement affectif
» où Colins place les époux, comment les
» imaginerons-nous brûlant éternellement
» l'un pour l'autre d'une chaste flamme? Leur

» oisiveté de cœur et l'inquiétude d'esprit qui
» en naît, ne les livrent-elles pas en proie aux
» plus criminelles ardeurs? Peuvent-ils avoir
» d'autre préoccupation, que de se tromper
» l'un l'autre abominablement? »

Toutes ces phrases sont peut-être fort belles et fort bien enfilées, mais après? Le moindre grain de .... logique ferait beaucoup mieux l'affaire.

M. Poulin est partisan de l'éducation et de l'instruction sociales.

« L'égalité sociale,..... dit-il, veut que l'édu-
» cation et l'instruction soient données gra-
» tuitement à tous les enfants par l'État. » (1)

Parfait. Ainsi M. Poulin, comme Colins, confie les enfants à l'État; puis il accuse Colins de corrompre, de cette façon, l'union conjugale. Quant à lui, il ne corrompt rien du tout, à ce qu'il semble; tout au moins il n'en convient pas.

Cette logique d'un genre spécial expose

____

(1) L'égalité des moyens, comme s'exprime M. Poulin, veut la même chose. Alors, sous ce rapport au moins, les deux égalités se valent.

l'écrivain qui en use à quelques désagréments, entre autres celui de se voir mettre en contradiction à peu de pages de distance, comme je vais le montrer.

« Vous aviez sans doute pensé jusqu'à ce
» jour, s'écrie M. Poulin, que le *seul* senti-
» ment propre à entretenir la mutuelle ten-
» dresse des époux et à leur faire encore,
» lorsque leurs premiers feux sont éteints, un
» devoir de la fidélité, c'est leur amour et leur
» sollicitude commune pour une commune
» progéniture. . . . .
. . . .
» Erreur et billevesées, paraît-il, que tout
» cela. »

Pardon, M. Poulin; nous n'avons jamais pensé cela, et nous n'admettons pas davantage tout ce que vous nous racontez dans les amplifications que j'ai citées ci-dessus. Nous partageons, au contraire, complètement l'avis que vous émettez quelques pages plus loin, et qui renverse entièrement ce que vous venez de dire.

« Toujours, affirmez-vous, la possession
» amènera la satiété, etc....
» Mais la religion aidant, nous aurons des

» mœurs par la même raison que nous aurons
» de l'honnêteté.

» Et même, si l'on veut bien considérer que
» les sens ne font de ravages que par l'inter-
» médiaire de l'imagination, c'est-à-dire au
» sein de l'oisiveté, on reconnaîtra bientôt
» que dans une société où grâce aux habi-
» tudes d'une bonne éducation, la tête et les
» bras seront toujours convenablement occu-
» pés, on pourra être chaste ou fidèle sans
» trop d'efforts. »

C'est très-juste. Seulement, je ne m'explique
pas bien ce que vous avez à reprocher à Colins. Vous faites ce qu'il fait; vous parlez,
dans ce dernier passage, comme lui, et vous
n'êtes pas content! Que vous faut-il de plus?

*
* *

*Comment l'hérédité, et la temporalité de la
rente, dont Colins propose l'alliance, sont
des principes qui s'excluent.*

M. Poulin ne comprend ni le mécanisme
de l'exploitation du travail, ni celui de la temporalité de l'intérêt; sans cela, il eût reconnu
que la perpétuité de la rente et la liberté

héréditaire du travail sont choses contradic-
toires.

Quand l'intérêt est perpétuel, les héritiers
doivent, après la mort de l'emprunteur, continuer à payer l'intérêt ou rembourser le
capital au prêteur, ou à la succession de
celui-ci.

C'est-à-dire que les héritiers du débiteur
sont alors obligés de prendre sur le produit
de leur travail, avant tout autre prélèvement,
de quoi payer le loyer d'un capital qu'ils n'ont
pas emprunté, ou de quoi le rembourser.

Cette diminution du produit de l'activité,
cet amoindrissement du salaire au profit d'un
capitaliste constitue l'exploitation *héréditaire*
du travail.

Mais aussitôt que, l'intérêt étant viager, la
succession doit seulement s'il y a un actif, la
dette devient exclusivement personnelle, et si
le travail est exploité, au moins ce n'est plus
héréditairement.

De ces prémisses, il eût fallu conclure
qu'une des premières choses à faire, pour
établir la liberté du travail, c'était d'abolir la
perpétuité de l'intérêt. Mais cette logique n'est
pas, semble-t-il, assez fantaisiste.

6

* *
*

Voyons maintenant la différence entre l'annuité et l'intérêt, au point de vue du prêteur et de ses héritiers.

L'intérêt représente le loyer de l'argent prêté. L'annuité, c'est ce loyer, plus un remboursement partiel. La différence, c'est que le remboursement de la dette a lieu, dans le premier cas, à une époque indéterminée, et dans le second, par fractions annuelles calculées de façon que la libération ait lieu à la mort du prêteur.

Supposons que, pour le premier cas, le remboursement soit fixé à la même époque que pour le second, et comparons la situation du créancier et de ses héritiers successivement dans les deux organisations de crédit.

Avec le système des intérêts, le créancier mange son revenu, et laisse le capital à sa succession. Avec le système des annuités, et si le créancier se borne à dépenser la partie des annuités qui correspond au loyer du prêt, il conserve également la partie relative au remboursement, au profit de sa succession.

Mais si le créancier de la société future

dépense entièrement les annuités qu'il reçoit, s'il emploie à son usage intérêts et principal, il ne reste rien à ses héritiers, c'est évident. M. Poulin s'imagine peut-être avoir fait là une grande découverte; qu'il se détrompe. Déjà, dans la société actuelle, il en est de même : on remarque généralement que celui qui mange tout son bien ne laisse rien après lui. Je m'étonne que M. Poulin ne s'en soit pas aperçu jusqu'à présent.

Maintenant, pour en revenir au cas signalé par M. Poulin, d'un conjoint ruiné par la mort de l'autre : pourquoi les familles, dans la société future, ne seraient-elles pas autorisées à prêter leurs capitaux, en fixant pour la durée du prêt, celle de l'existence du dernier survivant? Cela ne va en rien à l'encontre du principe de l'intérêt viager.

*
* *

*Comment ce qui fait chez Colins le bien-être
du travailleur, peut aussi faire sa ruine.*

On l'a déjà constaté à diverses reprises : plusieurs des objections de M. Poulin n'ont pas même l'apparence de la justesse. Celle à laquelle je viens de répondre m'avait paru particulièrement niaise; mais la présente l'emporte peut-être sur elle.

Cette fois encore, M. Poulin a fait une trouvaille. D'après lui, lorsque, dans la société future, les capitaux prêtés auront disparu dans de sottes entreprises, le prêteur sera ruiné.

Je suis loin de contester la vérité de cette thèse, mais je me demande en quoi l'organisation sociale préconisée par Colins est coupable. Dès aujourd'hui n'est-on pas ruiné quand on a tout perdu? Et que peut faire à cela le système des annuités ou celui des intérêts perpétuels?

Tout l'avantage est même, sous ce rapport, du côté du système des annuités; car, si le débiteur n'a pas dissipé le prêt dès le principe, le créancier aura eu l'avantage de rentrer au moins partiellement dans ses avances, tandis qu'avec l'organisation actuelle du crédit il perd son capital tout entier.

Un passage m'a particulièrement peiné dans les développements que M. Poulin donne à son objection. C'est celui où il nomme condition misérable l'état qui consiste à se dévouer au bien-être des autres. Comprend-on cette pensée de la part de celui qui confesse la religion scientifique?

*
* *

Comment chez Colins la religion est en même temps toute-puissante et sans vertu par rapport aux mœurs.

M. Poulin débute par montrer, une fois de plus, qu'il n'a pas lu, ou au moins qu'il n'a pas compris les œuvres qu'il critique.

« Colins suppose, dit-il, que dans la société
» nouvelle, où la morale ayant pour base la
» certitude religieuse, la raison et la mo-
» rale doivent aller toujours de compagnie,
» l'homme se rendra maître de ses senti-
» ments, aussi bien que de ses actes. C'est
» donc à ce moment, que d'organique et sen-
» suel qu'il a toujours été, l'amour devien-
» drait *exclusivement* intellectuel. »
Si Colins avait fait l'hypothèse absurde que lui attribue M. Poulin, il aurait supposé par cela même que, dans la société nouvelle, l'homme ne serait pas libre. Aussi n'a-t-il pas dit que l'amour deviendrait exclusivement intellectuel, mais bien que l'homme devrait

s'efforcer de toujours subordonner l'amour physique à l'amour intellectuel; ce qui ne revient pas à supprimer le premier.

Comme le dit fort bien M. Poulin d'après Colins, « la religion nous améliorera, mais » ne nous transformera pas; elle nous armera » contre nos passions, mais elle n'aura pas » la vertu de les supprimer. »

C'est l'erreur commise par M. Poulin, jointe à son ignorance en science physiologique, qui est la source de toutes les balivernes à l'aide desquelles il espère parvenir à étançonner son objection. Mais j'ai montré qu'elle n'avait pas de raison d'être, et il est dès lors inutile de s'y arrêter plus longuement.

Un mot cependant à propos des mariages éphémères.

Quels que soient les besoins organiques de tel ou tel homme ou femme en particulier, la loi forcera-t-elle, dans la société future, d'après M. Poulin, ces exceptions à se contenter d'un mariage indissoluble?

Le mariage indissoluble sera-t-il obligatoire pour tous, et dès l'âge de majorité?

Si oui, il serait bien de le dire. Mais nulle

part, pas même dans le socialisme Colins amendé, M. Poulin n'a jugé bon de se prononcer sur ces questions nettement et franchement.

Si non, voilà les mariages éphémères complètement justifiés, c'est-à-dire reconnus conformes aux règles de la morale, et nullement en opposition avec la religion.

Donnons pour terminer une nouvelle preuve du peu de clarté qui règne dans certaines des idées de M. Poulin.

« Dès qu'il est facultatif de suivre la règle » ou son caprice, dit-il, le choix ne saurait » être douteux. »

En énonçant cet aphorisme, il oubliait qu'une règle à laquelle il est indifférent d'obéir ou de désobéir n'est plus une règle.

*
* *

Comment, chez Colins, la religion est en même temps toute-puissante et sans vertu par rapport à l'organisation sociale.

Voici le résumé des raisons avancées par M. Poulin pour étayer son dire.

« Ou la religion est sans vertu, auquel cas

» elle ne saurait donner à Colins ce qu'il en
» attend, et alors son socialisme s'écroule par
» la base; ou, comme il l'affirme, elle est
» réellement toute-puissante, et dans cette
» seconde hypothèse son socialisme est encore
» condamné, comme ne donnant pas tout ce
» que demande la religion. »

Examinons ce dilemme attentivement.

Que demande la religion d'après Colins, à
ce que prétend M. Poulin? Un second extrait
des *Irrationnalités* va nous l'apprendre.

« C'est à la religion seulement que nous
» pouvons, suivant lui (Colins), devoir l'avé-
» nement d'un ordre social conforme à la
» justice; et ce qu'il faudrait attendre de la
» religion, ce n'est pas seulement l'améliora-
» tion, mais la transformation morale de l'hu-
» manité. »

Il ne nous reste plus qu'à savoir ce que
M. Poulin entend par amélioration et transformation, pour être parfaitement au courant
de ce que, d'après lui, Colins demande à la
religion. Un troisième passage des *Irrationnalités* va nous donner l'explication de ces
termes.

« C'était aux religions de faire des mira-

» cles, *la* religion n'en fera pas : elle nous
» améliorera donc, mais elle ne nous trans-
» formera pas; elle nous armera contre nos
» passions, elle n'aura pas la vertu de les
» supprimer. »

Ainsi, l'amélioration de l'humanité consiste dans la subordination des passions à la raison, et sa transformation, dans la suppression des passions, autant dire dans l'anéantissement de l'organisme.

Eh bien, je suis heureux de pouvoir l'affirmer à M. Poulin : jamais Colins n'a soutenu que la religion scientifique eût pour résultat la suppression des passions; jamais il n'a dit que la religion de l'avenir serait toute-puissante, au point d'anéantir l'homme dans une de ses parties constituantes.

Jamais non plus il n'a donné à entendre que la religion démontrée serait sans vertu. Il a prétendu, tout uniment, qu'elle montrerait combien il est avantageux de se soumettre à la raison.

Il n'est pas difficile de battre son adversaire, avec une pareille tactique : il suffit de lui attribuer une sottise, et le tour est joué. Mais aussi, est-ce là de la critique sérieuse?

* *

Signalons les sophismes que **M. Poulin** a semés dans sa réfutation de la prétendue proposition de Colins.

« C'est la misère qui recrute aujourd'hui
» des esclaves pour l'exécution de certains
» travaux réputés infimes, et, en réalité, pé-
» nibles, dangereux, ou répugnants. Dans la
» société nouvelle, où l'éducation et l'instruc-
» tion données également à tous nivellent,
» sinon les intelligences, au moins les ma-
» nières, les mœurs et les habitudes, où tous
» ont même fierté, même sentiment de leur
» dignité, par qui donc seront exécutés ces
» travaux? »

Dans la société nouvelle, aucun travail ne sera réputé infime. Chacun saura que le travail est la caractéristique de l'humanité, et tous les travaux, quels qu'ils soient, seront mis sur la même ligne. On ne comprendra pas ce que la fierté et le sentiment de la dignité ont à voir dans la nature du travail auquel on se livre, mais on mettra sa fierté, et on trouvera le sentiment de sa dignité dans la façon plus ou moins consciencieuse dont on l'accomplit.

Enfin, on consentira à se charger de certains travaux, quand on sera incapable d'en exécuter d'autres, ou quand on trouvera plus de bénéfice à ne pas en faire d'autres.

« Se peut-il, étant donnés deux hommes
» également cultivés, également instruits,
» ayant la même délicatesse de sens, les
» mêmes besoins intellectuels et moraux, que
» l'un balaye les ruisseaux et vide les fosses
» d'aisance, tandis que l'autre ne se livre qu'à
» des travaux agréables et honorés? »

Voici M. Poulin pris encore une fois en flagrant délit de suppositions absurdes.

Deux hommes également cultivés, cela signifie, deux hommes pour l'éducation et l'instruction desquels on s'est donné les mêmes peines. Mais cela ne veut pas dire qu'ils en ont profité au même degré. Ils auraient dû avoir, pour cela, des cerveaux également bien prédisposés, et des volontés égales pour en tirer avantage. Ensuite, deux hommes ne peuvent avoir la même délicatesse de sens, les mêmes besoins, sans avoir identiquement les mêmes organismes.

L'hypothèse de M. Poulin est donc illogique.

Rétablissons le problème tel qu'il eût dû être formulé, et, en même temps, résolvons-le.

Étant donnés deux hommes élevés et instruits socialement, aurait-il fallu dire, comment l'un devra-t-il accepter les travaux pénibles, tandis que l'autre pourra se réserver les travaux agréables?

Et alors on eût pu faire remarquer que, dans la société future, et malgré les mêmes soins donnés à tous les mineurs, il y aura toujours des individus inférieurs à ceux parmi lesquels ils vivent, soit par leur organisme, soit par leur défaut d'activité ou leur paresse; que, par conséquent, il s'en trouvera qui, manquant de l'aptitude nécessaire pour diriger les travaux des autres, n'auront d'autre ressource que de travailler musculairement sous la direction d'autrui.

Ce genre de travail n'est pas honoré généralement dans la société actuelle, ni peut-être en particulier par M. Poulin; mais, — ai-je besoin de l'ajouter, — dans la société future, il sera aussi honorable et honoré que tout autre.

« Nous dira-t-on, se demande M. Poulin, » que dans la société nouvelle une plus forte

» rémunération, une rémunération extraor-
» dinaire des travaux dégoûtants ou périlleux,
» suffira à en assurer l'exécution, en opérant
» comme ont fait jusqu'ici la misère et la faim?
» Non. »

Comment *non?* Par suite de la nature de certains travaux, il y a diminution dans le nombre de ceux qui consentent à les exécuter; en conséquence, le prix de ce genre de travail monte, d'où, comme résultat immédiat, augmentation dans l'offre qui en est faite; et de cet enchaînement de causes et d'effets ne résulterait pas l'exécution de ces travaux? Mais il en sera, sous ce rapport, dans la société future exactement comme dans la société actuelle, sauf que dans l'une le salaire sera toujours *au maximum* des circonstances, tandis que dans l'autre il est au *minimum*. Toujours le travail se portera là où il est le mieux payé.

Voyons l'explication du *non* de M. Poulin.

« Car ce serait supposer, dans la société
» nouvelle, des sentiments qui ne peuvent
» naître que dans la vieille société : le ressort
» si puissant de la cupidité et de l'amour du
» lucre peut-il avoir encore prise sur des

» hommes élevés dans le seul amour du beau
» et du bon ? »

Je voudrais bien savoir en quoi l'amour du
beau et du bon pourra empêcher un travailleur d'accepter pour salaire ce que l'état du
marché lui permettra d'exiger. Quelle espèce
d'idée M. Poulin se fait-il donc de la société
nouvelle ? Croit-il que, pour l'amour du beau
et du bon, les uns refuseront l'intérêt de leurs
capitaux, les autres le prix de leur travail, que
tous enfin agiront sans but, automatiquement ?
La société nouvelle serait-elle, pour lui, une
société sans propriété ? On le dirait, ma foi.

« L'opposition est manifeste entre la pro-
» priété et la religion, s'écrie-t-il en effet : si
» celle-ci produisait tout son effet, c'est en
» vain que nos institutions consacreraient la
» proportionnalité : l'égalité chassée par la
» porte, rentrerait bientôt par la fenêtre. »

A en juger par ce qui suit cet alinéa, la proportionnalité, c'est la répartition des richesses
proportionnellement au travail de chacun, et
l'égalité, sans épithète, c'est l'égalité des conditions. Eh bien ! je puis rassurer complètement M. Poulin : la religion scientifique n'est
nullement en opposition avec la propriété ; elle

ne demande nullement l'égalité des conditions, bien au contraire. Du moment que les institutions consacrent la proportionnalité, tout est socialement bien ; et ce qui se produit en dehors des institutions, même les tentatives pour arriver à l'égalité, n'est plus qu'affaire d'initiative personnelle.

***

J'ai déjà montré, à diverses reprises, de quelle manière M. Poulin établit ses définitions. En voici un nouvel exemple.

Après avoir rapporté que Colins veut bien toujours des riches, mais point de pauvres, il s'écrie :

« Pauvre logicien ! Comme si *riche* et *pau-*
» *vre* n'étaient pas des mots corrélatifs ! Comme
» si *riche* signifiant *ayant plus*, et *pauvre*,
» *ayant moins*, il pouvait y avoir des riches
» sans qu'il y eût des pauvres ! »

Pauvre logicien vous-même, M. Poulin ! Avec vos définitions baroques il n'y a jamais, dans chaque société, qu'un pauvre ou qu'un riche, suivant que l'on remonte ou que l'on redescend l'échelle des conditions.

Si, au contraire, on entend par riche ou

pauvre celui qui peut ou ne peut pas se procurer la satisfaction de ses besoins, alors on
a des définitions utiles, et on conçoit qu'il
existe en certains cas des riches sans qu'il y
ait des pauvres.

« Comme si ce n'était pas précisément dans
» une société où l'égal développement de la
» sensibilité et de l'intelligence donnerait à
» tous les mêmes besoins, que l'inégalité des
» conditions ferait le plus de malheureux! »

Je croyais impossible, avant la lecture de ce
passage, de rassembler autant de non-sens
dans aussi peu de mots.

Égal développement peut être pris dans un
sens actif ou passif. Activement, cela signifie
les soins égaux donnés à la culture intellectuelle, etc.....; passivement, c'est le résultat
égal de ces soins. Dans lequel des deux sens
M. Poulin a-t-il pris son expression? Je le pré-
viens que le second est absurde.

Les *mêmes* besoins, nouvelle absurdité, besoins signifiant les tendances organiques ou
intellectuelles, lesquelles ne pourraient être
les mêmes que si elles dérivaient d'organismes
égaux, ou d'intelligences égales.

Autre absurdité: l'inégalité des conditions,

qui ferait le plus de malheureux, dans une société où chacun saurait que son bien-être dépend exclusivement de lui!

Et celui qui raisonne de la sorte se permet d'accuser les autres d'illogisme!

***

Après avoir, à ce qu'il prétend, démoli le socialisme rationnel enseigné par Colins, M. Poulin devait nécessairement en construire un nouveau, ou au moins opérer, dans celui de Colins, les corrections qu'il jugeait nécessaires pour le rationnaliser entièrement. C'est ce qu'il a fait. Nous allons soumettre le socialisme Colins *amendé* à l'examen, en suivant, encore une fois, l'ordre observé par M. Poulin, et en conservant l'énoncé de ses paragraphes.

***

Nécessité de la religion et ce qu'il faut
en attendre.

Comment, *nécessité de la religion!* Colins n'a-t-il donc jamais soutenu cette nécessité? Et s'il l'a prouvée, qu'était-il indispensable d'amender son œuvre sous ce rapport?

7

Si la première moitié de l'amendement de M. Poulin est frappée de nullité, la seconde ne vaut guère mieux.

En parlant de la religion scientifique révélée par Colins, et si singulièrement interprétée par M. Poulin, celui-ci prétendait, comme nous avons vu, qu'elle était toute-puissante, qu'on pouvait tout exiger d'elle, même l'absurde.

L'amendement proposé consiste à ne lui rien demander, pour ainsi dire, ce qui est évidemment trop peu. Et encore, M. Poulin ne paraît-il pas bien sûr de ce qu'il dit.

« *Peut-être* en toute chose l'efficacité de la
» religion ne sera-t-elle guère que négative.
» Mais n'est-ce pas assez? Ne suffit-il pas à
» l'ordre social qu'elle fasse de nous des
» hommes de bonne volonté? Et le dévoue-
» ment, si nécessaire dans le vieux monde,
» ne doit-il pas être de surérogation dans la
» société nouvelle, si même l'idée n'en est
» contradictoire? »

C'est aller trop loin, beaucoup trop loin.

Il est certes permis de dire que, dans la société de l'avenir, le bien-être de chacun dépendra, non de la bonne volonté ou du caprice des autres, mais de l'organisation sociale. Il faut même qu'il en soit ainsi pour assurer ce bien-être. Mais de là à prétendre que le dévouement y sera inutile, voire même contradictoire, il y a un abîme.

***

Égalité sociale et collectivisme.

J'ai dit, dans le cours de ce travail, que je n'avais pu découvrir la signification donnée par M. Poulin à son *égalité sociale*. Je vois bien qu'il persiste à la mettre en opposition avec l'égalité sociale des moyens, et c'est précisément dans la substitution de l'une à l'autre qu'il fait consister son deuxième amendement. Mais comment est-il possible de juger de la valeur de cette substitution, quand on ne connaît pas la signification d'un des termes?

Ramassons, au courant de la plume, quelques idées originales émises à cette occasion par M. Poulin.

« Le principe de la propriété ne comporte » pas plus l'égalité des moyens (1) que l'éga-

(1) Par cette expression, le critique entend l'égalité

» lité des conditions ; il est même contradic-
» toire à l'une et à l'autre. »

La propriété et l'inégalité des conditions vont fort bien ensemble, c'est vrai. Mais il m'est complètement impossible de comprendre pourquoi la propriété ne va pas avec l'égalité des moyens. Voyons les preuves de M. Poulin.

« Il implique que, en propriété, où les
» uns peuvent naître relativement riches, et
» les autres relativement pauvres, il n'y ait
» plus des forts et des faibles,... »

Individuellement, c'est vrai ; socialement, c'est faux.

« Et il implique que, entre forts et faibles,
» la concurrence ait lieu à armes égales. »

Individuellement, c'est vrai ; socialement, c'est faux. Mais où est la preuve que la propriété est incompatible avec l'égalité sociale des moyens ? Je ne la vois nulle part.

L'égalité individuelle des moyens est absurde ; et c'est précisément ce qui rend la concurrence possible. Quelle espèce de con-

sociale des moyens de travail, comme je l'ai fait voir en réfutant une de ses objections contre le socialisme rationnel.

currence veut-on qu'il existe entre deux êtres égaux en tout?

M. Poulin résume ainsi son second amendement au socialisme rationnel.

« Aujourd'hui que, par suite de l'organi-
» sation de la propriété, le bien-être de quel-
» ques-uns est fait nécessairement des mi-
» sères du plus grand nombre, le principe
» de *socialité* est violé au profit de l'indivi-
» dualisme, et la société est un mensonge.
» Mais la propriété est-elle ainsi organisée,
» que nous ayons tous des moyens suffisants
» de nous rendre heureux, et que, au lieu qu'il
» y ait opposition entre l'intérêt de quelques-
» uns et l'intérêt du plus grand nombre, les
» fortunes particulières et la richesse collec-
» tive s'accroissent l'une par l'autre; alors il y
» a harmonie entre l'individualisme et le so-
» cialisme, et la société est une vérité, car nous
» sommes associés et solidaires, mais seule-
» ment dans la mesure qu'il convient, pour ne
» pas cesser d'être indépendants (1). Tel est

(1) M. Poulin, qui blâme Colins de n'imprimer jamais un nouveau volume sans y faire entrer à

» l'état qui a pour principe l'égalité sociale. »

Plait-il? Tel est l'état qui a pour principe l'égalité sociale *des moyens de travail*, fallait-il dire. Du moment que nous avons tous des moyens suffisants de nous rendre heureux, et que cette situation provient de l'organisation de la propriété, dérive de la constitution sociale, il y a, en effet, égalité sociale dans les moyens de travail.

M. Poulin l'a reconnu parfaitement, ailleurs que dans les *Irrationnalités*, il est vrai.

« La seule égalité que demande la raison
» et la justice, et la seule possible, c'est
» l'égalité devant la société, ou l'état égal que
» ferait la société de tous ses membres, en

balle forcée une partie du contenu de ses ouvrages précédents, se sera probablement dit que ce qu'il condamnait chez les autres lui était permis. En effet, cette citation est extraite d'un de ses ouvrages antérieurs, et, après avoir été légèrement modifiée pour masquer cet emprunt, elle a été introduite de force dans les *Irrationnalités*. Et ce n'est pas là le seul exemple d'une pareille manière d'agir chez M. Poulin.

C'est une application du principe si commode : *Nous autres, c'est différent.*

» donnant à tous, avec un soin égal, l'édu-
» cation et l'instruction, et à tous aussi, à
» leur entrée dans le monde, les mêmes
» moyens de se produire et d'atteindre à tout
» le bien-être possible. »

Ces deux passages disent la même chose : la société sera bien organisée quand elle fournira à tous, autant qu'il dépend d'elle, les mêmes moyens de travail. Seulement M. Poulin appelait, en 1867, égalité sociale, ce qui est pour lui, en 1874, l'égalité sociale des moyens.

Voyons la suite du second extrait; elle est extrêmement intéressante.

« Dans ce qui reste ensuite d'inégalité, au
» point de départ, comme dans celle qui ré-
» sulte des succès ou des insuccès, des bon-
» heurs ou des malheurs actuellement immé-
» rités, nous ne devons voir que des récom-
» penses ou des expiations se rapportant à
» des existences antérieures. C'est donc avec
» raison qu'au socialisme qui peut réaliser
» l'égalité sociale telle que nous venons de
» la définir, nous avons donné le nom de
» socialisme *rationnel*. »

C'est curieux, n'est-ce pas?

M. Poulin reproche à Colins, à tort, de

vouloir une organisation sociale qui exclut l'égalité sociale des moyens de travail. Et quant au socialisme rationnel, il le déclare irrationnel de ce chef.

Puis, comme amendement, il propose..... exactement ce que demande Colins; et ce qu'il trouvait rationnel autrefois, il ne l'adopte, aujourd'hui, que comme pis-aller.

« L'égalité sociale, pour ne pas empêcher
» les inégalités de richesse *même les plus in*
» *justes,* dit-il en effet, n'en est pas moins
» tout le socialisme. »
Quelle critique judicieuse!

* *
* * *

Quelle doit être la nature de la richesse collective?

Je trouve, sous ce titre, les deux amendements suivants.

Au lieu du remboursement des prêts par annuités, la perpétuité de l'intérêt;

Au lieu de la totalité du sol à la propriété collective, la moitié seulement (1).

(1) M. Poulin n'accorde, comme on voit, que la moitié de la terre à l'humanité. Un publiciste a pro-

M. Poulin veut donc que le travail continue à être exploité héréditairement, et que, personnellement, il ne soit qu'à demi-émancipé.

« Il faut sous un régime d'inégalité, dit
» M. Poulin pour justifier sa nouvelle organi-
» sation foncière, que le riche puisse avoir
» des parcs remplis de gibiers, comme dit
» M. Thiers, et le pauvre, une chaumière et
» un champ, où s'écoulent ses derniers jours,
» et qui après lui passent aux siens. »

Ce champ et cette chaumière seront-ils inaliénables? C'est le seul moyen de les conserver au pauvre. Sinon il ne s'écoulera pas long temps avant que tout le sol appartienne aux riches.

*
* *

Du mode de patronage de l'État.

« La règle inflexible de l'État sera de ne
» prêter qu'aux sociétés. »

posé, il y a quelque temps, dans un opuscule intitulé : *L'Escompte sans intérêt*, de ne donner la terre qu'à la moitié de l'humanité. D'après lui, « la terre doit être
» la propriété indivise et indivisible, inaliénable et
» impersonnelle de la collectivité enfantine. »

Il me serait impossible de dire lequel de ces deux amendements est le plus plaisant.

C'est préparer l'exploitation des individus par les associations.

« Le travailleur dont le goût sera de rester
» isolé à sa tâche, devra se contenter de sa dot
» sociale, ou des capitaux que lui confieront
» les particuliers. »

C'est-à-dire qu'il devra se contenter d'être exploité par le capital, ne pouvant faire autrement.

*
* *

*Des voies et moyens pour la formation
de la richesse collective.*

M. Poulin propose, tout timidement, un impôt progressif sur les successions tant en ligne directe qu'en ligne collatérale, « du reste,
» sans aucune garantie de qui que ce soit, »
dit-il.

Il est donc inutile de s'y arrêter plus longuement. Il sera toujours temps d'y revenir plus tard, si cela devient nécessaire.

*
* *

Quels seront les promoteurs de la réforme?

Impossible de découvrir, dans tout ce paragraphe, rien qui ressemble à un amendement au socialisme rationnel.

*
* *

Telles sont les modifications réelles ou prétendues, proposées par M. Poulin au socialisme révélé par Colins.

Mais, sauf meilleur avis, il en manque encore au moins trois.

Après avoir signalé le danger qu'il y a à prêter ses capitaux, puisqu'on court le risque de les perdre, M. Poulin aurait dû, semble-t-il, porter un amendement interdisant toute espèce de prêt.

Ensuite, pour être conséquent avec sa critique, il aurait dû proscrire, entre personnes de sexes différents, toute autre union que le mariage indissoluble.

Enfin, M. Poulin aurait dû indiquer le moyen de rembourser la dette publique, ou déclarer que les intérêts s'en payeront perpétuellement.

Pourquoi n'a-t-il pas donné d'explication sur ces trois points? Pourquoi a-t-il ainsi laissé incomplète sa réforme du socialisme rationnel?